駿台受験シリーズ

短期攻略

大学入学共通テスト

古文

菅野三恵・柳田　縁　共著

駿台文庫

はじめに

この問題集は、「大学入学共通テスト」で出題される古文への対策用に編集されたものです。大学入学共通テストは、受験生の〈思考力・判断力・表現力〉を問うことを目的としています。そのために、従来型の一つの古文からの出題に留まらず、複数テクストを比べて、その内容を多角的な視点で判断することが求められる問題も出題されます。この問題集は、そういった出題にも対応できる力が養えるように工夫されていますから、演習を通じて力を伸ばしてください。

古文を読むことは一つの異文化体験です。昔の人が感動し、書き留めたことの中には、現代人が読んで共感できることもあれば、まったく視点が違うと驚くこともあるでしょう。そういった共感や驚きこそが、古文を読むことの楽しみの一つです。グローバルな社会の中で生きていくあなたがたは、自分たちの価値観・知識に固執するのではなく、多様な文化の価値観を知り、それらへの理解を深め、自分たちの文化との共通点・相違点を冷静に理解した上で、他者に敬意を持って異文化と共存していかなければなりません。古文を読むことで、日本文化のルーツを知り、その中に現代にも息づいている精神を発見したり、今とはまったく違う価値観を知ったりすることは、変化し続ける現代社会を生きていく上で必ずあなたの力になることでしょう。現代社会の流れは速く、十年単位で変わっていくもの・失われていくものがたくさんあります。その中で、千年以上残ってきた古文にはいったい何が描かれているのでしょうか。一言では語れない古文の世界の魅力や本質の一端に、受験勉強を通して触れることができたら——。実はそんな壮大な願いをこめて、この問題集を編集しました。もちろん、みなさんが大学入学共通テストで希望の点数をとれることが目標ですが、それに留まらず、古文の勉強があなたの生きる力の根っこを育てる役目を果たすことを願ってやみません。

菅野三恵・柳田 縁

目次

この問題集の特長と使い方

オリジナル問題10題を、難易度によって易から難へ、また**大学入学共通テストの特徴がバランス良く出現するように配列**しています。できるだけ多くの分野の文章に触れられるよう配慮してありますので、この問題集に取り組むことを通して古文の世界への理解が深まり、取り組むほどに力がついていきます。

◆読解力の養成

「単語と文法」。古文で大切だといわれるこの二点の知識抜きでは古文を読むことはできません。しかし、覚えるべき事項を一通り学習したにもかかわらず、やはり古文ができないという人がいるのも事実です。なぜでしょうか。それは、せっかく覚えた内容を運用できていないからです。「この単語の訳は、コレとコレとコレ」、「この助動詞の意味は、コレとコレ」と羅列して言えるだけでは、古文を読むことはできません。複数ある意味の中で、今はどの意味なのかを、自分で判断して見極める力がなければ、宝の持ち腐れです。この問題集は、内容読解に必要な運用力を養うための問題を集めています。

◆バラエティに富んだジャンル

この問題集では、物語・説話・歌論・軍記・近世の随筆など、ジャンルが偏らないように問題が選ばれています。自分にとって、理解しにくいジャンルがある場合、そこがあなたの実力を伸ばすチャンスです。問題文はすべて厳選された良問ですから、単に答え合わせをするだけでなく、苦手なジャンルについても、その内容を深く理解することが、今後の力となることはいうまでもありません。

◆複数テクストの練習

複数の文章を読むといっても、そのパターンは一つではありません。〈テーマの同じ古文が複数出題される形〉、〈相反する内容の古文が複数出題される形〉、〈本文の一部について、別の視点から説明した古文が出題される形〉、〈本文に関連する現代文が出題される形〉など、他にもまだまだ出題のパターンは考えられます。しかし、どのような形で出題されても、それぞれの文章の本質が捉えられていれば、正解にたどり着くことはできるはずです。この問題集は、様々なパターンの複数テクスト問題を集めていますから、これを学習することで、自信を持って複数テクスト問題に取り組むことができるようになります。

◆和歌の練習

皆さんが苦手としているものの一つに和歌があります。しかし、古文の世界においては、和歌は日常のコミュニケーションツールとして不可欠のものです。和歌は、それだけを取り出して学習してもあまり効果はあがりません。それが文章の中でどのような役割を果たしているかを理解することが大切で、「誰が・誰に・何を伝えようとして」和歌を詠んでいるのか、という視点を持つことが重要です。現代人にとっては馴染みの薄いものである和歌に、なるべく多く触れ、その表現に習熟できるよう、この問題集ではさまざまな和歌を含む文章をとりあげています。

◆この問題集の使い方

① まず、1題15～20分を目標として、問題文を読み、設問に解答する。（問題冊子の最後にマークシートが付いていますので、練習用にコピーして使用してください。）

⇩

② 〈答え合わせ〉をする。

⇩

③ 時間をかけて、読み直し、考え直す。特に、〈答え合わせ〉の結果、自分が正答できなかったと判明した設問については、自分が気づかなかった〈正答〉の根拠は何か、自分が選んでしまった〈誤答〉のどこに間違いがあるのかを、解説を読む前にもう一度考えてみる。

⇩

④ 解説を読む。現代語訳に目を通してきちんと解釈できていなかった箇所をあぶり出し、問題点を解決する。設問の解説を読み、解答の道筋（特に③で考えたこと）について確認し、今後の学習に生かすべきポイントをつかむ。

⇩

⑤ 解答に必要な知識（文法・語法・重要単語・古文常識・和歌の修辞・文章表現についての知識など）を覚える。

⇩

⑥ 仕上げとしてもう一度、現代語訳を熟読し、文章を数回音読する。

⇩

⑦ 時間が経ってからもう一度問題を解き直し、きちんとした筋道で解答できるかどうか、知識が身についているかどうかを確認する。

大学入学共通テストの国語の問題構成と古文の特徴

〈国語の問題構成〉

大学入学共通テストの国語は、**80分**で次の**4大問**に解答するという問題構成です。

大問	出題分野	解答方法	題材	配点
第1問	近代以降の文章（現代文）	マーク式	論理的な文章 文学的な文章 実用的な文章	2問100点
第2問				
第3問	古典		古文	50点
第4問			漢文	50点

〈古文の特徴〉

◆出題される文章は？

【ジャンル】　センター試験で多く出題された物語系の文章はもちろんですが、評論（近世の国学）系の文章や随筆・紀行文など、さまざまなジャンルからの出題が考えられます。

【分量】　センター試験と同様に、一二〇〇～一五〇〇字程度の予想ですが、複数の文章の出題が見込まれますので、それらを比較して検討する作業が加わる分、全体の字数はいくらか抑えられることも考えられます。ただし、後で設問に挙げられる別の文章や、対話形式の設問文・選択肢を含めると、かなりの分量になるでしょう。

【複数テクストの比較】　古文の文章が二～三つ並べられる形や、古文の文章＋鑑賞文、現古融合文、古文の文章＋設問に他の文章が揚げられる形などが考えられます。それぞれの文章の内容を読み取ると同時に、それらの関連性を把握したり、比較して内容の異同を考察したりすることが求められます。

◆設問内容は？

〔古文単語〕〔古典文法〕〔和歌修辞〕の知識や運用力に基づき、【部分的な把握】【全体の把握】【テクストに基づく考察】を試す問題がバランスよく出題されます。

〔古文単語〕――文脈の中での適切な解釈力が問われる可能性が高いでしょう。語そのものの意味や成り立ちを理解しつつ、派生的な意味や文章の中での用いられ方を確かめ、語彙力を高めていきましょう。

〔古典文法〕――文法識別問題よりも、文法の知識を使って文章内容を把握させる出題が増えるでしょう。単独の文法問題の出題がなくても、内容理解を問う問題に文法問題の要素が含まれる可能性が高いということです。正しい品詞分解ができることを前提に、助動詞・助詞・敬語の意味用法や訳し方を内容理解につなぐ力を養いましょう。

〔和歌修辞〕――枕詞・掛詞・序詞などの基本的な和歌修辞の知識も必要です。加えて、和歌が詠まれた経緯や和歌自体の意味について、地の文の内容との対応を考えながら読み解く練習を積んでいきましょう。

【部分的な把握】　文章に傍線が付される場合は、傍線部の内容に関連する事情・心情・理由などが問われます。傍線が付されない場合は、読み取るべき内容が設問文に示されますので、選択肢も手がかりにして、該当する内容が書かれている部分を探す作業が必要です。

【全体の把握】　文章に傍線は付されず、把握するべき内容が設問文で指示されます。一連の文章を全体として把握するためには、物語系なら、場面の状況を把握し、話の展開や人物の心情の変化について、段落ごとの内容やつながりをつかむことを意識して読み進めることがポイントになります。評論系なら、因果関係や対比などに注意して、筆者が何をどのように考察してどのように結論付けようとしているのかを読み取ることが重要です。

【テクストに基づく考察】　共通テストの大きな特徴となる問いで、高度な思考力・判断力が試されます。複数の文章が示される形になりますので、まずはそれぞれの文章を的確に読み取るために、右記の〔古文単語〕〔古典文法〕に基づいた【部分的な把握】【全体の把握】の姿勢を貫くことが不可欠です。さらに、その内容を客観的に見て、他のテクストとの共通点や相違点を考察する思考力が求められます。

第1問　『本朝美人鑑』

解答・解説2ページ

次の文章を読んで、後の問い（問1〜6）に答えよ。（配点　50）

吉野（注1）の内裏《だいり》に仕《つか》うまつれる弁内侍《べんのないし》といひし人は、後醍醐《ごだいご》の帝《みかど》の忠臣、右少弁俊基朝臣《うせうべんとしもとあそん》（注2）の娘なり。帝、吉野へ移らせ給《たま》ひし頃、召《め》し具しおはしまし、その昔、父朝臣、君の御ために身を滅ぼしけることなど、（ア）いとかしこく思《おぼ》し召し、忘れさせ給はざれば、「せめてそれが形見」などねんごろに仰せ下されける。この内侍、天性《てんせい》かたち心ざま世に類《たぐ》ひなく、文《ふみ》の道うとからずして、和歌の名人たり。かれこれ備はれる女性《によしやう》なれば、帝（注3）もまたいたはり聞こえさせ給ふ。

ひととせ、師直《もろなほ》（注4）、皇居を襲ひし頃、ほのかにこの内侍のうるはしきかたちを伝へ聞き、いつしか重き悩みとなれり。これによりて、京よりある人を語らひ、かの内侍のゆかりなる人のもとへ、「何となく領地など（イ）参らせ侍《はべ》るべし。あなかしこ、住吉詣《すみよしまう》（注5）でに事よせ、密《ひそ》かにこの内侍をたばかり出《い》だして給へかし」など、いとねんごろに言ひやりける。もとより、この師直は威勢といひ、現《うつつ》なき色好みにしてあくまで富み栄えたれば、かりそめの仲立ちにも小袖《こそで》（注6）を遣はし、金銀を贈りけるほどに、なびかぬ者なく、本意《ほい》をとげざることなし。されば、この内侍への仲立ちにもいかばかりの賄《まかなひ》をかしたりけむ、つひにたばかりて住吉へ詣でさせけり。その道すがらの山陰《やまかげ》に、師直が手の者、あまた隠しおきつつ、やすやすとこの人を奪ひ取りたり。さて、武士ども多く輿《こし》の周りを囲み、足を早めて行きける。内侍はかくすかしとらはれたるとは夢にもわきまへ給はねば、「あな恐ろし。こはそもいかなることぞや」と心惑ひ肝《きも》つぶれ、涙にくれつつうつぶし給へり。

かくて道のほど二里ばかりも過ぎぬる頃、楠正行《くすのきまさつら》（注7）、吉野殿より召させ給ふとて本国（注8）より皇居のかたへ赴きけるが、幸ひこの道を通るほどに、あやしき輿に行きあひたり。正行立ち止まり、A人をもて「これは誰人《たれひと》の通り給ふにや」と問はせければ、「苦しからぬ御方なり。忍びの物詣でまします」など偽り名をとなえて返答するほどに、正行も不審ながら「Bさこそあるらめ」と思ひて行き違はむとするに、輿の内の人泣き叫ぶ声聞こえければ、いよいよあやしみて輿の隙間より覗《のぞ》き見ければ、弁内侍なり。「さてはこの人をすかし出だしたるにこそ」と（ウ）やすからずおぼえ、理不尽にその輿を奪ひ返し、「おのれらは何者なれば、かくははからふぞ。ありのままに明かすべし」と言うほどこそあれ、太刀《たち》を抜き、切つてまはれば、敵もしばらくはあしらひしかども、つひに追ひ散らされ、行方知らず失《う》せけり。

正行、やがて内侍を引き連れ吉野殿へ参りて、かくと奏しければ、帝、二なくよろこばせ給ひ、やがてこの局《つぼね》（注9）を正行に下さるべきよし、勅定《ちよくぢやう》しきりなり。正行この御請《う》けをば何とも申さずして、一首の歌を捧《ささ》げたり。

とても世にながらふべくもあらぬ身の仮の契りをいかで結ばむ

と聞こえて、つひに辞し奉りけり。その後ほどなく、正行、河内国《かはちのくに》四《し》条畷《でふなはて》（注10）にて大軍の敵にも見合ひ、比類なきはたらきして君のために討ち死にしけるにぞ、はじめてこの歌の心を思ひあはせられて、いとあはれに申しあひける。

（『本朝美人鑑《ほんちょうびじんかがみ》』による）

（注）
1　吉野の内裏——後醍醐天皇が南北朝時代に吉野山（現在の奈良県南部）に置いた南朝の御所。後出の「吉野殿」も同じ。
2　右少弁俊基朝臣——日野俊基《ひのとしもと》。鎌倉時代後期の貴族で、後醍醐天皇に登用され、倒幕計画に参加した。
3　帝——後村上天皇。後醍醐天皇の子で、父の遺志を継ぎ、南朝二代目の天皇となった。
4　師直——高師直《こうのもろなお》。南北朝時代の武将。足利尊氏《あしかがたかうじ》の執事で、尊氏とともに後醍醐天皇に反逆した。
5　住吉——現在の大阪市住吉区にある住吉大社。
6　小袖——袖の短い着物。
7　楠正行——南北朝時代の武将。南朝方の中心であった楠正成《まさしげ》の長男で、父の死後、楠の軍勢を率いて北朝方と戦った。
8　本国——楠軍の拠点である河内国。現在の大阪府東部。
9　この局——弁内侍のこと。
10　四条畷——現在の大阪府四條畷《しじょうなわて》市。

問1　傍線部(ア)～(ウ)の解釈として最も適当なものを、次の各群の①～⑤のうちから、それぞれ一つずつ選べ。解答番号は［1］～［3］。

(ア)　いとかしこく［1］
① 実に聡明だと
② たいそう殊勝だと
③ 非常に恐ろしいと
④ とても恐れ多いと
⑤ まったく忘れられないと

(イ)　参らせ侍るべし［2］
① 参上しましょう
② お連れしましょう
③ 案内させましょう
④ 差し上げましょう
⑤ 没収しましょう

(ウ)　やすからず［3］
① 穏やかでなく
② 本当でなく
③ 下々の人でなく
④ 簡単でなく
⑤ 理屈でなく

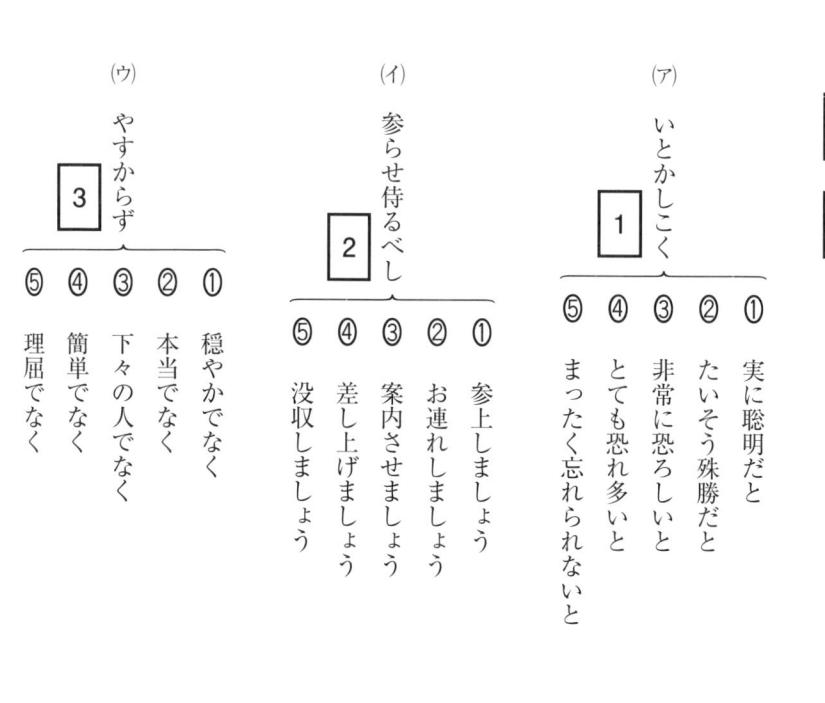

問２　「師直」が「弁内侍」を誘い出した事件についての説明として最も適当なものを、次の ①～⑤ のうちから一つ選べ。

解答番号は **4** 。

① 天皇に仕える弁内侍に恋心を抱いた師直が、人目を忍ぶ恋の悩みを弁内侍の縁者に相談したところ、住吉詣でにかこつけるのが良いとその人物から助言を受けた。

② 富裕な師直は、いつものように金に糸目をつけずに賄賂を贈ることによって仲介者を従わせ、その仲介者が弁内侍をだまして住吉詣でに連れ出すことに成功した。

③ 師直は権勢を誇っているだけでなく、風流な色好みの人物としても名高かったので、師直の愛情を仲介者から聞かされた弁内侍もまた師直を憎からず思った。

④ 師直の手下の者たちは、弁内侍を連れ去るのは容易だと見くびっていたが、弁内侍の輿を大勢の武士が護衛していたので、師直のもとへ走って指示を仰いだ。

⑤ 師直が弁内侍の輿に乗り込んできた時も、弁内侍は自分がだまされているとはまったく思っていなかったので、恐ろしさのあまり師直にすがって涙にくれた。

問3　傍線部A「人をもて『これは誰人の通り給ふにや』と問はせければ」の説明として**適当でないもの**を、次の①～⑤のうちから一つ選べ。解答番号は 5 。

①「人をもて」とは、「従者を介して」という意味である。
②「これ」は、「あやしき輿」を指している。
③「給ふ」は、輿の中に乗っている人への敬意を示している。
④「に」は、完了の助動詞である。
⑤「問はせければ」とは、正行が事情を尋ねさせたという意味である。

問4　傍線部B「さこそあるらめ」とあるが、正行は具体的にどのようなことを思ったのか。その説明として最も適当なものを、次の①～⑤のうちから一つ選べ。解答番号は 6 。

① 輿に付き添っている者たちが答えたのは偽りの名で、中に乗っているのは怪しい人物ではないかということ。
② 輿に乗っている人物は、付き添っている者たちが答えた人物ではなく、本当は弁内侍ではないかということ。
③ 輿は師直が差し向けたもので、正行が吉野へ向かうのを防ぐために密かに待ち受けていたのだろうということ。
④ 輿に乗っているのは怪しい人物ではなく、人目を避けて寺社への参詣に向かう途中なのだろうということ。
⑤ 輿が粗末な様子なので、乗っているのは身分が低い人物で、神仏からも見放されているのだろうということ。

問5　この文章に登場する人物の説明として最も適当なものを、次の①～⑤のうちから一つ選べ。解答番号は 7 。

① 日野俊基は、自分が「君の御ために身を滅ぼし」た後は後醍醐天皇を父親代わりだと思ってほしいと弁内侍に伝えていた。

② 弁内侍は、容姿や気立てに加え「文の道」や「和歌」にも優れた才色兼備の女性だったので、後村上天皇からも大切にされた。

③ 師直は、皇居を襲った際に会った弁内侍の「うるはしきかたち」に一目惚《ぼ》れをし、誘拐して自分の妻にしようと画策した。

④ 師直に弁内侍の誘拐を命じられた武士たちは、「ありのままに明かすべし」と詰め寄る正行を殺そうとして太刀を振り回した。

⑤ 後村上天皇は、弁内侍を救い出した褒美として「この局を正行に下さるべきよし」の勅定を出し、和歌を詠むように命じた。

問6　次に掲げるのは、二重傍線部「とても世にながらふべくもあらぬ身の仮の契りをいかで結ばむ」の和歌に関連して、教師が『太平記』の一節を紹介した授業の様子である。後で生徒から出された意見①～⑤のうち、最も適当なものを一つ選べ。解答番号は **8** 。

教師　正行が、やがて討ち死にすることになる四条畷《しじょうなわて》の戦いの前に、後村上天皇と最後の対面をしてから和歌を詠む様子が、『太平記』には次のように書かれています。これを読んで、本文の二重傍線部の和歌や、この『太平記』の和歌について考えてみましょう。

正行、首《かうべ》を地につけて、とかくの勅答《ちよくたふ》におよばず。ただこれを最後の参内《さんだい》なりと、思ひ定めて退出す。正行・正時・和田新発意《しんぼち》・舎弟新兵衛《しんべゑ》・同紀六左衛門《きのろくざゑもん》子息二人・野田四郎子息二人・楠将監《しやうげん》・西河子息・関地良円《せきちりやうゑん》以下、今度の軍《いくさ》に一足もひかず、一所にて討ち死にせんと約束したりける兵《つはもの》百四十三人、(注1)先皇《せんくわう》の御廟《ごべう》に参りて、今度の軍難義ならば、討ち死に仕《つかまつ》るべき暇《いとま》を申して、(注2)如意輪堂《によいりんだう》の壁板におのおの名字を(注3)過去帳に書き連ねて、その奥に、

かへらじとかねて思へば梓弓《あづさゆみ》なき数にいる名をぞとどむる

と一首の歌を書き留《とど》め、(注4)逆修《ぎやくしゆ》のためとおぼしくて、おのおの鬢髪《びんはつ》を切りて仏殿に投げ入れ、その日、吉野をうち出でて、敵陣へとぞ向かひける。

（注）1　先皇の御廟——先帝である後醍醐天皇の墓。
2　如意輪堂——奈良県吉野郡吉野町の寺院。
3　過去帳——寺院で、檀家《だんか》の死者の名などを記録しておく帳簿。
4　逆修——生前にあらかじめ死後の冥福を祈って仏事を行うこと。

① 生徒A――本文の二重傍線部の和歌で、正行は、「この世に生きている限りは天皇以外の主君に仕えるつもりはない」と誓い、『太平記』の和歌でも、天皇への忠誠を尽くした者の一人として「数にいる名」を後世に残したいと訴えて合戦に臨んだので、四条畷の合戦で討ち死にした正行を天皇が深く悼んだのも当然です。

② 生徒B――本文の二重傍線部の和歌で、正行が、「この身は仮のもので、前世からの因縁には逆らえない」と悟ったのは、仏教的な無常観を重んじていたからこそなのに、『太平記』の和歌では、未練がましく現世での名声に執着する自分を「名をぞとどむる」と自嘲していることから、正行の素直な人柄がうかがえます。

③ 生徒C――本文の二重傍線部の和歌で、正行が、臣下の者としての立場をわきまえ、「弁内侍とは契りを結ぶことはできない」と自制していたのに、『太平記』の和歌では、「かねて思へば」と、実は弁内侍に密かな恋心を抱いていたことを告白したのは、合戦に赴く前に心残りをなくそうとしたからだと思います。

④ 生徒D――本文の二重傍線部の和歌で、正行は、自分は「どうあってもこの世で長生きするはずもない身」であるとして弁内侍と結ばれることを拒み、『太平記』の和歌でも、「かへらじ」と、生きては戻らない気で戦う覚悟のほどを改めて述べていることから、命を捨てて主君に尽くす忠誠心を貫いたとわかります。

⑤ 生徒E――本文の二重傍線部の和歌で、正行は、「どうにかして手柄を立てたい」と意気込んでいたのに、『太平記』の和歌では、武士を名乗る資格がない自分を「梓弓なき数にいる」と卑下しているので、精一杯の虚勢を張っていた正行の本心に人々が初めて気づき、皆で気の毒がったことにも納得がいきます。

第2問　『菅笠日記』

解答・解説9ページ

次の文章は、江戸時代の国学者、本居宣長《もとおりのりなが》の書いた大和《やまと》地方への紀行文の一節である。これを読んで、後の問い（問1〜6）に答えよ。（配点　50）

なほ山の岨路《そはぢ》をゆきゆきて（注1）初瀬《はつせ》ちかくなりぬれば、むかひの山間《やまあひ》より（注2）葛城《かづらき》山・畝傍《うねび》山などはるかに見えそめたり。よその国ながら、かかる名所《などころ》はあけくれ書《ふみ》にも見なれ、歌にも詠みなれてしあれば、ふる里びとなどのあへらん心地して A うちつけにむつましくおぼゆ。けはひ坂とてさがしき坂をすこしくだる。この坂路より初瀬の寺も里も目の前にちかくあざあざと見わたさるるけしき、えもいはず。おほかたここまでの道は山懐《ふところ》にて、ことなる見るめもなかりしに、さしもいかめしき僧坊《そうばう》・御堂《みだう》の立ち連なりたるをにはかに見つけたるは、（ア）あらぬ世界に来たらん心地す。与喜《よき》の天神と申す御社《みやしろ》の前にくだりつきて、そこに板橋わたせる流れぞ初瀬川なりける。むかひはすなはち初瀬の里なれば、人やどす家に立ち入りて物食ひなどしてやすむ。後ろは川岸にかたかけたる屋なれば、波の音ただ床のもとにとどろきたり。

　初瀬川はやくの世よりながれきて名にたちわたる瀬々のいはなみ

さて御堂にまゐらんとて出《い》でたつ。まづ門を入りて呉橋《くれはし》をのぼらんとする所に、誰《た》がことかは知らねど道明《だうみやう》の塔とて右の方にあり。ややのぼりて肘《ひぢ》をるる所に（注3）貫之《つらゆき》の軒端《のきば》の梅といふものもあり。また蔵王堂《ざわうだう》・産霊《むすぶ》の神のほこらなどならび立てり。ここより上《かみ》を雲居《くもゐ》坂といふとかや。かくて御堂にまゐりつきたるに、（イ）をりしも御帳《みちやう》かかげたるほどにて、いと大きなる本尊のきらきらしうて見え給《たま》へる、人も拝めばわれもふし拝む。さてここかしこ見めぐるに、この山の花、おほかたのさかりはやや過ぎにたれど、なほさかりなるもところどころにおほかりけり。巳《み》の時とて（注4）貝ふき鐘つくなり。むかし清少納言がまうでし時も、にはかにこの貝を吹き出でつるにおどろきたるよし書きおける、思ひ出でられて、そのかみの面影も見るやうなり。鐘はやがて御堂のかたはら、今のぼり来《こ》し呉橋の上なる楼《ろう》になんかかれりける。

　名も高く初瀬の寺のかねてより聞きこし音を今ぞ聞きける

(注5)ふるき歌どもにもあまた詠みけるいにしへの同じ鐘にやといとなつかし。Bかかる所からはことなる事なき物にも見聞くにつけて心のとまるは、すべていにしへをしたふ心のくせなりかし。

なほそのわたりたたずみありく程に、御堂のかたに今やうならぬみやびたる物の音の聞ゆる。「かれはなんぞのわざするにか」としるべする男《をのこ》にとへば、「この寺はじめ給ひし上人の御忌月《おほんきづき》にてこのごろ千部の読経《どきやう》の侍《はべ》る、日ごとのおこなひのはじめに侍る楽の声なり」といふに、いと聞かまほしくていそぎまゐるを、まだ行きつかぬほどにはやく声やみぬるこそあかずくちをしけれ。また御堂のうちをとほりて、かの貫之の梅の前より片《かた》つ方《かた》へすこしくだりて、学問する大徳たちの庵《いほり》のほとりに、(注6)二本《ふたもと》の杉の跡とてちひさき杉あり。またすこしくだりて(注7)定家《さだいへ》の中納言の塔なりといふ五輪なる石立てり。このごろやうの物にて(ウ)いとしもうけられず。八塩《やしほ》の岡といふ所もあり。なほくだりて川辺に出で、橋をわたりてあなたの岸に(注8)玉鬘《たまかづら》の君の跡とて庵あり。墓《つか》もありといへど、けふはあるじの尼、物へまかりてなきほどなれば門鎖《さ》したり。すべてこの初瀬にその跡かの跡とてあまたある、みなまことしからぬ中にも、この玉鬘こそCいともいともをかしけれ。かの源氏物語はなべてそらごとぞともわきまへで、まことにありけん人と思ひて、かかる所をもかまへ出でたるにや。このやや奥まりたるところに、(注9)家隆《いへたか》の二位の塔とて石の十三重なるあり。こはややふるく見ゆ。そこに大きなる杉の二又《ふたまた》なるも立てり。また牛頭《ごづ》天王の社、そのかたはらに苔の(注10)下水《したみづ》といふもあり。ここまではみな山の片岨《かたそは》にて、川にちかき所なり。

（『菅笠日記』による）

（注）1　初瀬――大和の国にある長谷寺《はせでら》。観音信仰で古来有名な寺。長谷寺の門前町周辺の地区も「初瀬」と言う。

2　葛城山・畝傍山――大和の国にある山。

3　貫之の軒端の梅――「人はいさ心も知らず故郷《ふるさと》は花ぞ昔の香に匂ひける」（『古今和歌集』春上・紀貫之）に詠まれたとする梅の木。

4　貝――法螺貝《ほらがい》。貝に吹き口をつけて、らっぱのように鳴らし、時刻の合図などに用いた。

5　ふるき歌ども――「年も経ぬ祈る契りは初瀬山尾上《をのえ》の鐘のよその夕暮れ」（『新古今和歌集』恋二・藤原定家）が代表。

6　二本の杉――「初瀬川ふる川の辺《べ》に二本ある杉年を経てまたもあひ見ん二本ある杉」（『古今和歌集』雑体・旋頭歌・読人しらず）に詠まれたとする杉の木。

7　定家の中納言――藤原定家。鎌倉時代前期の歌人・古典学者。

8　玉鬘の君――『源氏物語』の女主人公の一人。物語では開運のために長谷寺に参詣したことになっている。

9　家隆の二位――藤原家隆。鎌倉時代前期の歌人。

10　苔の下水――「岩間とぢし氷もけさは解けそめて苔の下水道もとむらん」（『新古今和歌集』春上・西行）に詠まれたとする名所。

問1　傍線部A「うちつけにむつましくおぼゆ」とはどういうことか。その説明として最も適当なものを、次の①～⑤のうちから一つ選べ。解答番号は 1 。

① 書物や古歌で知っていて前から気になっていた長谷寺であったが、実際に現地に来て村人と触れあう中で思っていた以上の感動があり、衝撃を覚えたということ。

② 書物や古歌でなじんでいた長谷寺を目の当たりにして、実際に現地を訪れたのは初めてであるにもかかわらず、急に親しみが湧いてきたということ。

③ 書物や古歌でずっとあこがれを抱いてきた長谷寺にやっと来ることができたが、本当に遠いところまで来てしまったと実感し、望郷の念に駆られたということ。

④ 書物や古歌で頭に思い描き続けた長谷寺に来てみると、建物もそこに住んでいる人々の暮らしぶりもまさに想像通りだったので、感激したということ。

⑤ 書物や古歌で親しんできた長谷寺に来てみると、思っていたのとは違う装飾的でわざとらしい感じの場所であったので、がっかりしたということ。

問2　傍線部(ア)〜(ウ)の解釈として最も適当なものを、次の各群の①〜⑤のうちから、それぞれ一つずつ選べ。解答番号は 2 〜 4 。

(ア)　あらぬ世界　2

①　なじみのない土地
②　初瀬ではない土地
③　空想の世界
④　前世
⑤　別天地

(イ)　をりしも　3

①　時々
②　ついつい
③　しばしば
④　ちょうど
⑤　はやくも

(ウ)　いとしもうけられず　4

①　あまりありがたくない
②　あまり古びていない
③　まったく信用できない
④　まったく思いがけない
⑤　まったく情趣がない

問3　傍線部B「かかる所からはことなる事なき物にも見聞くにつけて心のとまるは、すべていにしへをしたふ心のくせなりかし」の説明として最も適当なものを、次の①～⑤のうちから一つ選べ。解答番号は 5 。

① 「かかる所」とは、長谷寺のような賑《にぎ》わって騒がしすぎる寺のことである。

② 「ことなる事なき物」とは、どこの寺にでもある、たいして特徴のない物のことである。

③ 「心のとまる」とは、「歌を詠みたくなるような風流心が失せる」という意味である。

④ 「いにしへをしたふ心のくせ」とは、「なにかにつけ昔は良かったと懐古してしまう悪い癖」の意味である。

⑤ 「なりかし」と結ぶ表現には、断定するほどではないことを不確実に推量する作者の思いが表れている。

問4　傍線部C「いともいとをかしけれ」に表れている筆者の心情の説明として最も適当なものを、次の①～⑤のうちから一つ選べ。解答番号は 6 。

①　『源氏物語』中の登場人物であるのに、実在する人物だと思いこんで玉鬘の暮らした住居や葬られた墓までも作ってあることについて、なんとも滑稽であると感じている。

②　『源氏物語』中の登場人物である玉鬘なのに、まるで実在の人物のように住居や墓が残されていることについて、古典文学を愛する人々の作品への愛着を風流なことだと感じている。

③　玉鬘の住居や墓をせっかく訪れたのに、主の尼が不在で中をゆっくり見ることができなかったことについて、残念ではあるがそれもまたかえって旅の情趣だと感じている。

④　貫之の軒端の梅、定家の中納言の塔など長谷寺には古典文学にまつわる旧跡が多く残っており皆すばらしいが、その中でも玉鬘の住居と墓とには最も深い感銘を受けている。

⑤　名作である『源氏物語』の世界に想像を馳《は》せて楽しむあまりに、名所を増やそうと住居や墓をでっちあげてしまう庶民の商魂のたくましさをほほえましく思っている。

問5　この文章の表現の特徴として最も適当なものを、次の①～⑤のうちから一つ選べ。解答番号は 7 。

①　世俗的なものを捨て清らかに生きようとする隠者的風流を追求し、長谷寺への参詣を通して次第に確かになっていく仏道への信仰心を簡潔な文体で描いた自照的な文章である。

②　古典的風土を行く旅愁と古典文学への情熱が響きあって繰り広げられる浪漫的夢想的世界を、詩心の結実である和歌を交えながら流麗な和漢混淆文《こんこうぶん》で描いた文章である。

③　全体を通して古典文学への傾倒を基調としており、和歌の挿入や風光描写といった紀行文の伝統的手法を用い、長谷寺をめぐる旅程と景物を優美平淡な表現で描いた文章である。

④　鋭い人間観察と社会に対する批評精神が濃厚で、時に諧謔《かいぎゃく》を含みつつ虚実取り混ぜながら、作者自身の古典文学に対する立場を荒々しいまでの気迫をもって描いた文章である。

⑤　旅の行程の叙述に作者の古典文学への造詣の深さが表れており、長谷寺という歴史的な場所で読者に有職故実《ゆうそくこじつ》の知識を伝えようとする教育的意図をもって書かれた文章である。

問6　次に掲げるのは、二重傍線部「そのかみの面影」に関して、生徒と教師が交わした授業中の会話である。会話中にあらわれる『枕草子』の一節や、それを踏まえての本文の理解として、会話の後に五人の生徒から出された発言①～⑤のうち、最も適当なものを一つ選べ。解答番号は 8 。

木山《きやま》　先生、「そのかみ」とはどういう意味ですか。文字通りだと「その場所の上」だと思うのですが。

教師　「その当時、その頃」の意味です。「上《かみ》」には「昔・以前」という意味がありますよ。

火野《ひの》　では、「清少納言が長谷寺に参詣した当時」という意味になるのかな。

教師　そうですね。『枕草子』の中にある、実際に参詣した場面がこれです。

日ごろこもりたるに、昼は少しのどやかにぞ、早くはありし。師の坊《ばう》に、男ども、女、童《わらはべ》など、皆行きてつれづれなるも、傍《かたはら》に貝をにはかに吹き出でたるこそいみじうおどろかるれ。清げなる立文《たてぶみ》など持たせたる男の、誦経《ずきやう》の物うち置きて、堂童子《だうどうじ》など呼ぶ声、山彦《やまびこ》響きあひてきらきらしう聞こゆ。鐘の声ひびきまさりて、いづこのならむと思ふ程に、やんごとなき所の名うちいひて、「御産《ごさん》たひらかに」などげんげんしげに申したるなど、すずろに「いかならむ」などおぼつかなく念ぜらるるかし。

土岐《とき》　「日ごろこもりたる」というのはどういうことですか。お寺に閉じこもるのですか。

教師　平安貴族は「参籠《さんろう》」と言って、神社・寺院などに一定の期間こもって祈願する習慣がありました。長い場合では、一か月以上、参籠することもあったんですよ。

金森《かなもり》　では、「御産たひらかに」というのは安産祈願ということでしょうか。今以上に、出産は大変だったんでしょうね。

水田《みずた》　本居宣長は、『枕草子』のこの箇所と同じように、法螺貝を聞いたんですね。それにしても、大きな音だったんでしょう。清少納言が、「おどろかるれ」と書いているくらいだから。

教師　さあ、その部分の助動詞「る」は何の用法でしょう。古語の「おどろく」の原義は、「意外なことに出会って心の平静を失う」というものです。そこから考えてみましょう。

① 木山――清少納言が聞いたのは、「貝」の音や「堂童子など呼ぶ声」や「鐘の声」や「申したる」声などで、それらがのどかな昼の時間帯に、山彦のように響きあって聞こえたというんだから、たしかに大きな音で驚かされたんだろうな。だから、助動詞「る」の用法は受身だと思う。

② 火野――そうかなあ。驚いたのは「貝」の音だけじゃないかな。それよりも、「誦経の物」を奉納されるほどの立派な法師がすぐそばで「にはかに」法螺貝を吹き始めたという場面なんだから、寺の法師に対する敬意を表すために、助動詞「る」を尊敬の用法で使っていると考えるのはどうだろう。

③ 土岐――この法師って身分が高いのかな。「やんごとなき所の名うちいひて」「げんげんしげに申したる」の部分には尊敬語が用いられていないから、この寺の法師には尊敬語は使っていないんだと思う。「貝」の部分だけ尊敬表現を使うのは不自然だよ。だからやっぱり、助動詞「る」の用法は受身だと思うな。

④ 金森――私は、尊敬でも受身でもないと思う。この『枕草子』では「いみじうおどろかるれ」の部分と、「おぼつかなく念ぜらるかし」の部分に、助動詞「る」「らる」が使われているよね。どちらも心の動きを表す場面で、自然と湧き上がってくる感情を表している箇所なので、ここの助動詞「る」は自発の用法と考えるのがいいよ。

⑤ 水田――ちょっと待って。『菅笠日記』の法螺貝の部分でも、「思ひ出でられて」のところに、助動詞「らる」が使われているよ。本居宣長は、長谷寺の法螺貝の音を聞いて『枕草子』の法螺貝の箇所を思い出すことができたと書いているから、『枕草子』のこの部分も可能の用法と考えられないかなあ。

第3問　『枕草子』『今昔物語集』『宇治拾遺物語』

解答・解説16ページ

次は、『枕草子』の一節（【文章Ⅰ】）と、それに関連する『今昔物語集』の一話（【文章Ⅱ】）と、『宇治拾遺物語』の一話（【文章Ⅲ】）である。【文章Ⅰ】～【文章Ⅲ】を読んで、後の問い（問1～6）に答えよ。（配点　50）

【文章Ⅰ】

すさまじきもの

除目《ぢもく》（注1）に司《つかさ》得ぬ人の家。「今年は必ず」と聞きて、はやうありし者ども（注2）の、ほかほかなりつる、田舎だちたる所に住む者どもなど、みなあつまり来て、出《い》で入《い》る車の轅《ながえ》（注3）もひまなく見え、もの詣でする供に、我も我もと参りつかうまつり、物食ひ酒飲み、ののしりあへるに、果つる（注4）暁《あかつき》まで門《かど》たたく音もせず、「あやしう」など、耳たてて聞けば、前駆《さき》（注5）追ふ声々などして、上達部《かんだちめ》などみな出で給《たま》ひぬ。もの聞きに宵《よひ》より寒がりわななきをりける下衆《げす》男（注6）、いともの憂げに歩み来るを見る者どもは、え問ひだにも問はず。ほかより来たる者などぞ、「殿は何にかならせ給ひたる」など問ふに、いらへには「A何の前司にこそは」などぞ必ずいらふる。まことに頼みける者は、「いと嘆かし」と思へり。つとめてになりて、ひまなくをりつる者ども、一人二人すべり出でて去《い》ぬ。古き者どもの、さもえ行き離《か》るまじきは、来年の国々（注7）、手をおりてうち数へなどして、ゆるぎありきたるも、いとほしう（ア）すさまじげなり。

（注）1　除目――大臣以外の諸官職を任命する行事。春の「県召《あがためし》の除目」と秋の「司召《つかさめし》の除目」があるが、ここで話題になっているのは、国司などの地方官を任ずる春の除目。一月に行われる。

2　はやうありし者ども――以前、この家に仕えていた従者たち。以下に出てくる「者」も従者のことである。

3　轅——牛車《ぎっしゃ》の車輪の軸につけて長く前にさし出した二本の棒。先端に軛《くびき》を渡し牛に引かせる。
4　果つる暁——除目が終わる夜明け前。除目は宮中で行われた。
5　前駆追ふ——貴人の外出のとき、道の前方にいる人々を追い払うこと。先払い。
6　下衆男——除目の結果を聞くために昨夜から派遣していた従者。
7　来年の国々——来年、国司が欠員になるはずの国々。

【文章Ⅱ】

今は昔、(注1)□天皇の御代に豊前大君《とよさきのおほきみ》と云ふ人ありけり。柏原《かしはばらの》天皇の五郎の御子の御孫《おほんまご》にてなむありけるほどに、位は四位にて、官《つかさ》は刑部卿《ぎやうぶきやう》にて大和守《やまとのかみ》などにてなむありける。

この人、世の中の事をよく知り、心ばへ直《すなほ》にて、公《おほやけ》の御政《おほんまつりごと》を良きも悪しきもよく知りて、除目あらむずる時には、まづ国のあまた空《あ》きたるを、おのおの次第を待ちて望む人々のあるをも、国のほどに当てて推し量りて、「その人をばその国の守にこそなさるらめ。その人は道理立てて望めども、(イ)えならじかし」など国ごとに云《い》ひたりける事を人みな聞きて、所望叶《かな》ひたりける人は、除目の後朝《あくるあした》には、この大君の許《もと》に行きてなむ讃《ほ》めける。この大君の推量《おしはかり》除目違《たが》はざりければ、世挙《こぞ》りて、「なほこの大君の推量除目かしこき事なり」となむ(ウ)云ひののしりける。除目の前にも、この大君の許《もと》になむ行き集りて問ひければ、思ひ量りたるままになむ答へ居たりける。「なるべし」と云はれたる人は、手を摺《す》りて喜びて、「なほこの大君いみじき人」と云ひてなむ帰りける。「ならじ」と云ふを聞きたる人は大きに怒りて、「こは何事云ひ居る古大君(注2)ぞ。(注3)道祖神《さへのかみ》を祭りて狂ふにこそありぬれ」など云ひて、腹立ててなむ帰りける。

さて「かくなるべし」と云ひたる人のならずして、異人《ことひと》のなりたるをば、X「こは公《おほやけ》の悪しくなされたるぞ」となむ、大君、世を謗《そし》り申しける。されば、天皇も、「豊前大君は除目をばいかが云ふなる」となむ、天皇に親しく仕《つかま》る人々に、「行きて問へ」となむ仰せられける。昔はかかる人なむ世にありけると語り伝へたるとや。

（注） 1 □天皇――□は、『今昔物語集』の編者による意図的な欠字。

2 古大君――「古」は、「おいぼれの」と、いやしめ、ばかにしていう時の接頭語。

3 道祖神――「さいのかみ」ともいう。辻、村境などに祭られ、その土地の安全を守る神だが、人の心を浮き立たせ、正気でなくさせる存在と考えられることもある。

【文章Ⅲ】

今は昔、柏原(注1)の帝の御子の五の御子にて、豊前の大君といふ人ありけり。四位にて、司《つかさ》は刑部卿、大和守にてなんありける。世の事をよく知り、心ばへすなほにて、おほやけの御政をも、善き悪しきよく知りて、除目のあらんとても、まづ国のあまたあきたる、望む人あるをも、国の程に当てつつ、「その人はその国の守にぞなさるらん。その人は道理立て望むとも、えならじ」など、国ごとに言ひ居たりける事を、人聞きて、除目の朝に、この大君の推し量り事にいふ事は、つゆ違はねば、「この大君の推し量り除目かしこし」といひて、B除目の前《さき》には、この大君の家に行き集ひてなん、「なりぬべし」といふ人は、手を摺《す》りて悦《よろこ》び、「えならじ」といふを聞きつる人は、「何事いひ居る古大君ぞ。塞《さへ》(注2)の神祭りて、狂ふにこそあめれ」などつぶやきてなん帰りける。

「かくなるべし」といふ人のならで、不慮《ふりよ》に異人なりたるをば、Y「悪しくなされたり」となん、世にはそしりける。されば、おほやけも、「豊前の大君は、いかが除目をばいひける」となん、親しく候ふ人には、「行きて問へ」となん仰せられける。

これは田村(注3)、水の尾などの御時になんありけるにや。

（注） 1 柏原の帝の御子の五の御子――【文章Ⅱ】では「柏原天皇の五郎の御子の御孫」とされているが、同一人物のこと。

2 塞の神――【文章Ⅱ】の「道祖神」と同じ。

3 田村、水の尾――天皇の名前。

問1　傍線部A「何の前司にこそは」の説明として最も適当なものを、次の①～⑤のうちから一つ選べ。解答番号は 1 。

① 望んでいた最良の結果ではなかったものの、ともかくも官職を得られたことがうれしく、控え目ながらも誇らしい思いで主人の職名を答えている。

② 尋ねてきた相手の家の主人が官職を得たかどうかはわからないので、あまり表だっては言えないと気配りしながらも、自分の主人の職名を答えている。

③ 新しい官職を得たとはいえ、まだ正式な知らせではないので、ぬか喜びになってはいけないと気を引き締めて、主人の以前の職名を答えている。

④ 官職が得られなかったと答えるわけにもいかないので、にがにがしく思いながらも、苦肉の策として、主人の元の職名に「前」を付けて答えている。

⑤ 主人が官職を得られなかったことはわかっているけれども、それを正直に言うのは腹立たしいので、何々の職になったのだろうとあいまいに答えている。

問2　傍線部(ア)〜(ウ)の解釈として最も適当なものを、次の各群の①〜⑤のうちから、それぞれ一つずつ選べ。解答番号は 2 〜 4 。

(ア)　すさまじげなり 2

① 気の毒な様子だ
② 興ざめな様子だ
③ 滑稽な様子だ
④ 悲しげな様子だ
⑤ したたかな様子だ

(イ)　えならじかし 3

① 任官できないだろうよ
② けっしてならないだろうよ
③ きっとかなうだろうか
④ おできにならないだろうよ
⑤ いや、任官なさるはずがないよ

(ウ)　云ひののしりける 4

① 不思議がった
② 驚きあきれた
③ 尊敬しあった
④ あれこれと批判した
⑤ 口々に騒ぎ立てた

問3　【文章Ⅰ】の内容と表現の説明として最も適当なものを、次の①～⑤のうちから一つ選べ。解答番号は 5 。

① 「今年は必ず」には、直後に「都に上らん」などが省略されており、長年の田舎住まいにほとほと嫌気がさしている従者たちの、今年こそは都での華やかな生活に戻ることができるだろうという強い期待が表現されている。

② 「はやうありし者ども」「ほかほかなりつる」「古き者ども」など、ひとことで従者といっても、それぞれに異なる立場と思惑があるので、除目の結果への思いを正直には言えない気詰まりな宮仕えのつらさが描かれている。

③ 除目の結果が出る前の「物食ひ酒飲み、ののしりあへる」という賑《にぎ》やかさの後に、一転して、「一人二人すべり出でて去ぬ」と静まりかえっていく邸《やしき》が描かれることで、主人が期待の官職を得られなかった悲哀が伝わってくる。

④ 「あやしう」「いともの憂げに」「いと嘆かし」などの失望を表す修飾語が用いられて、どうがんばってみても、結局は宮中や上達部の思うがままに人生を翻弄されるしかない中流貴族のやるせなさや憤りが文章全体に表れている。

⑤ 結果を聞きに行かせていた「下衆男」が、興味のない様子で帰ってきて、求めに応じた返答さえもできないことに、主人がいらだちがっかりする描写には、主人と従者との思いがすれ違うもどかしさが表れている。

問4　**【文章Ⅱ】**からわかる「豊前大君」についての説明として**適当でないもの**を、次の①～⑤のうちから一つ選べ。解答番号は 6 。

① 天皇家の血筋であるが、本文に敬意を示す表現がないので、上流貴族ではないと考えられる人である。
② 世を治める為政者がどうあるべきかを心得ていただけでなく、世の中全般のことに精通している人である。
③ 国守になりたがる人の力量と任国の状況を考えて、誰がどの国に選ばれるかを言い当てる洞察力のある人である。
④ 自分の除目の予想が毎年あたるものだと期待されることを負担に感じ、人からの賞賛を嫌うような偏屈な人である。
⑤ 希望通りに任官できそうにない人にも、言葉を選ばずに予想を告げるような、配慮に欠ける部分がある人である。

問5　傍線部B「除目の前」に「大君の家」に行った人々についての説明として最も適当なものを、次の①～⑤のうちから一つ選べ。解答番号は 7 。

① 「『なりぬべし』といふ人」は、「なんとしても国守になりたがっている人」という意味である。
② 「手を摺りて悦び」は、大君から良い予想を引き出そうと機嫌を取ってへつらうありさまである。
③ 「何事いひ居る」は、大君の予想がはっきりしないものであったことにいらだち、詰問している言葉である。
④ 「狂ふにこそあめれ」は、係り結びの形で、努力をせず手軽な信心にすがろうとする人々の愚かさを強調している。
⑤ 「つぶやきてなん帰りける」は、希望が通らないと予想された絶望から悪態をつきつつも、傷心で帰る様子である。

問６　【文章Ⅱ】と【文章Ⅲ】は、ほぼ同じ内容であるが、最終段落に違いがある。傍線部Ｘ「『こは公の悪しくなされたるぞ』となむ、大君、世を謗り申しける」と傍線部Ｙ「『悪しくなされたり』となん、世にはそしりける」を考慮して、それぞれの最終段落についての説明として最も適当なものを、次の①～⑤のうちから一つ選べ。解答番号は 8 。

① 【文章Ⅱ】の最終段落では、豊前大君の予想と違う人事が行われる場合があるのは、天皇が大君の予想に気を悪くして、わざと予想以外の結果にしているからであり、そのために天皇はあらかじめ大君の除目の予想結果を側近に探らせていたと結論づけている。

② 【文章Ⅱ】の最終段落では、豊前大君の予想と違う人事になった場合に、大君が臆することなく天皇の行った人事を批判したことで、天皇は大君からの批判を気にするあまりに、どうするべきかあらかじめ除目の前に大君に教えを請うていたと述べている。

③ 【文章Ⅲ】の最終段落では、予想と違う人事に決まった場合には、天皇が間違った人事を行ったと世間が朝廷を批判するほど、豊前大君の予想が重要視されたために、天皇の方でも大君の予想を無視することができずに気にしていたことがわかる。

④ 【文章Ⅲ】の最終段落では、豊前大君の予想が外れている場合は、実は大君と天皇とが相談して、天皇の権威を守るために芝居を打っていたのであり、その相談のために、天皇と大君とは使者を介して密に連絡を取り合っていたと種明かしされている。

⑤ 【文章Ⅲ】の最終段落では、予想が外れてしまった場合に、世間の人が朝廷に対して思慮が足りないと考えて非難するほどに大きな権威になってしまった豊前大君のことを、天皇は快く思わず、なぜ予想を続けるのかと問い詰めたと書かれている。

第4問 『かざしの姫君』

解答・解説23ページ

次の文章は、『かざしの姫君』の一節である。源《みなもとの》中納言には菊を愛する美しい姫君（姫君・かざしの姫君）がいた。本文は、姫君が自分の邸《やしき》の庭に咲く菊を眺めているところから始まる。これを読んで、後の問い（問1〜6）に答えよ。（配点　50）

秋の末つ方に、菊の花のうつろひゆくを、限りなく悲しきことに思《おぼ》し召《め》し続けて、うちまどろみ給《たま》へば、年のほど二十《はたち》あまりなる男の、冠姿《かぶりすがた》ほのかに、薄紫の狩衣《かりぎぬ》（注1）に、鉄漿黒《かねぐろ》に薄化粧、太眉《ふとまゆ》つくりて、いとはなやかなるにほひの、やんごとなき風情《ふぜい》は、いにしへの業平《なりひら》、光源氏《ひかるげんじ》もかくやとおぼしくて、姫君に寄り添ひ給へば、姫君は夢現《ゆめうつつ》ともおぼえず、起き騒がせ給へば、この人、姫君の御袖をひかへ、「などかつゆばかりの御情《なさけ》もなからましや」とて、泣く泣くいろいろの言の葉を尽くし給へば、姫君もあはれとや思しけん、夜半《よは》の下紐《したひも》うちとけ給へば、かの人うれしくて、いとど来《こ》し方《かた》行《ゆ》く末《すゑ》を語り明かさせ給ひけり。

後朝《きぬぎぬ》にもなりしかば、この人、姫君にうち向かひて、「またの夜は必ず」とて、泣く泣く、

X　うきことを忍ぶ（注2）がもとの朝露のおき別れなんことぞ悲しき

と聞こゆれば、姫君とりあへず、

Y　末までと契りおくこそはかなけれ忍ぶがもとの露と聞くより

と言ひ返し給へば、客人《まれひと》（注3）は籬《まがき》の菊のほとりまで行くかと見えて、面影もなし。

さてかざしの姫君は、Aいよいよ不思議の思ひをなし給へども、人に問ふべきたよりもあらねば心ならず、それよりして互ひの御契り浅からず、忍び忍びに通ひ給へば、いつとなく日数を過ごし給ふほどに、ある時、姫君仰せけるは、「今は何をかつつみ給ふらん。はやはや御名を知らさせ給へかし」と聞こえ給へば、この人、恥づかしげにて、「このあたりに少将

と申し侍《はべ》る者なり。後《のち》にはさだめてしろしめすべし」とて、帰り給ひぬ。

その頃、帝《みかど》には、(注4)花揃《そろ》へありとて、人々を召されければ、中納言殿も参り給ふ。帝、中納言を近づけ給ひ、「世の常ならぬ菊の花、揃へ奉《たてまつ》れ」と(注5)綸言《りんげん》あらせ給へば、力なくして、中納言、菊を奉らんとて帰られけり。

さて、少将はその日の暮れ方に、(注6)西の対《たい》に来たりて、Bいつよりもうちしほれたる有様にて、世の中のあだなることども語り続けて、うち涙ぐみ給へば、かざしの姫君、「何とやらむ、もの思ひ姿に見えさせ給ふは、(ア)いかなることを思し召しわづらひ候ふぞ。心を残さず語り給へかし」と、よもすがら聞こえさせ給へば、「今は何をかつつみ候ふべき。(イ)見え参らせんことも、今日を限りとなりぬれば、いかならむ末の世までと思ひしことも、みないたづらごととなりなんことの悲しさよ」とて、さめざめと泣き給へば、姫君は、「こはいかなることぞや。御身をこそ深く頼み奉りしに、みずからをば(ウ)何となれとて、さやうには(注7)聞こえさせ給ふらん。野の末、山の奥までもいざなひ給へかし」とて、声も惜しまず悲しみければ、少将も心にまかせざればとて、とかくの言の葉もなし。

ややありて少将、涙のひまよりも、「今ははや立ち帰りなん。あひかまひてあひかまひて思し召し忘れ給ふな。みずからも御こころざしいつの世に忘れ奉るべき」なんど言ひて、鬢《びん》の髪を切りて、下絵したる薄様《うすやう》におし包みて、「もし思し召し出《い》でん時は、これを御覧ぜさせ給へ」とて、姫君に参らせて、また、「胎内にもみどり子を残し置けば、いかにもいかにもよきに育ておきて、忘れ形見とも思し召せ」とて、泣く泣く出で給へば、姫君も御簾《みす》のほとりまで忍び出でて見やり給へば、庭の籬のあたりへたたずみ給ふかと思ひて、見え給はず。

(注)
1　鉄漿黒——おはぐろ。高貴な人が歯を黒く染めるのに用いた。
2　忍ぶ——「忍ぶ草」と動詞「忍ぶ」を掛けた表現。
3　籬——柴《しば》や竹などで編んで作った垣根。
4　花揃へ——花を持ち寄って観賞する儀式。
5　綸言——帝のお言葉。
6　西の対——かざしの姫君が住む建物。「対」は寝殿造りの母屋とは別棟の建物。
7　聞こえさせ給ふらん——ここでは「おっしゃっているのだろう」の意味。

問1　傍線部(ア)〜(ウ)の解釈として最も適当なものを、次の各群の①〜⑤のうちから、それぞれ一つずつ選べ。解答番号は 1 〜 3 。

(ア)　いかなることを思し召しわづらひ候ふぞ　1

① どのようなことを苦しんでいるのですか
② どのようなことを思い悩みなさるのですか
③ どのようなことをお思いになるのか
④ どのような御病気におなりですか
⑤ どのようなことを隠していらっしゃるのか

(イ)　見え参らせんこと　2

① 姿を見申し上げるようなこと
② 姿を目にするようなこと
③ 姿を見せ申し上げるようなこと
④ 姿を御覧になるようなこと
⑤ 姿を見に参上するようなこと

(ウ)　何となれとて　3

① どうしようもないと思って
② どうにかしてやろうと思って
③ 何者であると思って
④ どうなれと思って
⑤ なんとかなると思って

問2　和歌X・Yについての説明として最も適当なものを、次の ①～⑤ のうちから一つ選べ。解答番号は 4 。

① 和歌Xの「うきことを」は、姫君と別れなければならない少将のつらさのことである。和歌Yは、姫君の和歌で、少将が出ていってしまった後に私はつらさで露のように消えるだろうと応じている。

② 和歌Xの「忍ぶがもとの」は、人目を忍ばなければならない少将の気持ちを表している。和歌Yは、姫君の和歌で、人目を忍ばなければならない恋などしなければよかったと切り返している。

③ 和歌Xの「朝露の」は、忍ぶ草の「露」と別れの朝に流れる涙を重ね合わせている。和歌Yは、姫君の和歌で、露のようにはかない愛情を将来まで誓う言葉はむなしいことだと切り返している。

④ 和歌Xの「おき別れなん」は、朝起きて帰らなければならない少将の状況を表している。和歌Yは、姫君の和歌で、また戻って来るという少将のはかない言葉を信じて待ち続けようと応じている。

⑤ 和歌Xの「ぞ悲しき」は、係り結びを用いて別れの悲しみを強調している。和歌Yは、姫君の和歌で、比較を表す格助詞「より」を用いて少将よりも自分の方が悲しい気持ちだと応じている。

問3　傍線部A「いよいよ不思議の思ひをなし給へども」とあるが、このときの姫君の心情はどのようなものか。その説明として最も適当なものを、次の ①～⑤ のうちから一つ選べ。解答番号は 5 。

① 前触れもなく現れて一夜を過ごし、姿を消すように帰って行った男について、わけがわからないと思う気持ち。

② 物語の主人公のような美しい男に言い寄られて、恋に落ちたことについて、自分でも思いがけなく感じる気持ち。

③ 男の本心も確かめられないままに、情にほだされて深い関係になってしまったことについて、不安に思う気持ち。

④ 男が素性を明かさない理由がわからず、それを確かめる方法もないことについて、もどかしく感じる気持ち。

⑤ 心のこもった和歌や言葉を交わして将来まで誓ったのに男が名前を告げないことについて、不審に思う気持ち。

問4　傍線部B「いつよりもうちしほれたる有様にて、世の中のあだなることども語り続けて、うち涙ぐみ給へば」とあるが、少将はどのような思いからこのような態度を示したのか。その説明として最も適当なものを、次の①〜⑤のうちから一つ選べ。解答番号は 6 。

① 恋に慣れていないふりをして男女の仲のはかなさを語ることで、自分の真面目さを姫君に印象づけようという思惑。

② 姫君の和歌に傷ついていることを態度で示せば、姫君だけを愛する自分の気持ちをわかってくれるだろうという期待。

③ どんなに愛し合ってもいつかは別れなければならないこの恋を契機に、思い切って出家を果たしてしまおうという覚悟。

④ 秋が深まって菊の花の色が変わって枯れていくように、この世にあるものはすべて移り変わっていくのだという諦念。

⑤ 将来までの愛を誓ったのに添い遂げられず、今日が最後の逢瀬《おうせ》となってしまうことを話さなければならないという苦悩。

問５　この文章における、「姫君」と「少将」についての説明として最も適当なものを、次の①～⑤のうちから一つ選べ。
解答番号は 7 。

① まどろんでいるところに忍び込んできた少将を恐ろしく思って、「つゆばかりの御情」でもかけてほしいと姫君は泣いて訴えた。姫君の涙を見て気の毒に思った少将は、これまでの経緯や将来のことを話した。

② 幾夜も逢瀬を重ねたころに、姫君が「御名を知らさせ給へかし」と尋ねると、少将は、名前は言わずに自分の官位だけを答えた。そして、それ以上は知らない方が姫君のためによいとそれとなく告げて立ち去った。

③ ある夜訪ねてくると、姫君が「もの思ひ姿」であったので少将は事情を話すように姫君をなだめた。姫君は、自分は少将を頼みに思っているのに、少将が何も話してくれないことが悲しいと答えた。

④ もう逢《あ》えないと告げる少将に対して、姫君は「野の末、山の奥」へでもどこにでも自分を連れて行くようにと頼んだ。少将は、自分の思い通りにはならないことだからと、それに対して何も答えなかった。

⑤ 姫君は、帰ろうとする少将をひきとめて、あなたのことが忘れられないので、せめて思い出の品だけでも残してほしいと頼んだ。少将は、自分の「鬢の髪」を少し切って、これを見て思い出してほしいと渡した。

問6　次に掲げるのは、四人の生徒が本文を読んだ後に「少将」の素性について話している場面である。この会話を参考にした上で、「少将」についての考察として最も適当なものを、後の①～⑤のうちから一つ選べ。解答番号は 8 。

虎杖《いたどり》　少将は、訪ねて来る時に、おしゃれをして化粧までしてきているよ。当時の身分の高い男性は化粧をしたんだね。

武田《たけだ》　「少将」はそれほど高い身分じゃないけど、貴族の子弟なんだろうな。いわゆる「色好み」の男性なのかな。

龍野《たつの》　でも、不思議なところがあるんだ。最初の逢瀬の時も、最後の逢瀬の時も、帰り際の様子が同じように表現されているよ。

雀部《ささべ》　ああ、たしかに。はじめに来た時の帰りは「籬の菊のほとりまで行くかと見えて、面影もなし」、最後に来た時の帰りは「庭の籬のあたりへたたずみ給ふかと思ひて、見え給はず」となってるね。よっぽど「籬」が好きなのかな。

虎杖　ただ「籬」が好きなだけでは、「面影もなし」とか「見え給はず」って書かないと思う。「籬」のところで姿が見えなくなっちゃうというところに意味があるんじゃないかな。

武田　じゃあ、そこで魔法が解けて元の姿に戻ってしまうとか。ほら、童話『シンデレラ』の魔法が十二時に解けてしまうように、「籬」のところで魔法が解けるっていうのはどう。

龍野　そんな馬鹿げたことってあるかな。

武田　だってこれは物語だし、本文にも「まどろみ給へば」「夢現ともおぼえず」とあるように、夢なのか現実なのかわからない中での幻想的な恋の話なんじゃないかな。

虎杖　そうか、「籬」の所まで行くと夢がさめるというか、現実の姿に戻ると考えると、そこで姿が消えてしまうのもわかるよね。

龍野　「籬」にはいったい何の意味があるんだろう。夢と現実の境目というか、現実世界と異世界との区切りのような役割かな。

雀部　「籬」は垣根だし、植物が植えてあるよ。「秋の末つ方」とあるから、もう秋草が枯れ始めて寂しい庭なんだろうけれど。

武田　そうだね。はじめに「菊の花のうつろひゆくを、限りなく悲しきことに思し召し続けて」とあるから、菊の花が枯れていく季節だよ。この姫君は菊の花が好きだと書いてあったよ。きっと「籬」の菊を見ていた時の出来事なんだよ。

虎杖　そうなると、帝が「世の常ならぬ菊の花、揃へ奉れ」と言った日の夜が最後の逢瀬になるのも、なにか関係がありそうだね。

①　少将は、帝の子であるため身分を偽って忍び歩きをしていたが、菊を愛する姫君を見初めて恋に落ちた。

②　少将は、菊の花の精で、菊を愛する姫君の気持ちをうれしく思って、夜だけ男性の姿になって姫君に逢いに来た。

③　少将は、悪霊の力で化け物に変えられていたが、菊を愛する姫君の優しさに触れて、人間に戻ることができた。

④　少将は、姫君の愛する菊の花が宮中に献上されようとしていることを知って、姫君を慰めるために訪れた。

⑤　少将は、異世界との境界の「籬」を越えられる存在で、不本意な入内《じゅだい》の決まった姫君を慰めるために訪れた。

第5問 『おくの細道』『奥細道菅菰抄』

解答・解説31ページ

次は、『おくの細道』の一節で、作者の松尾芭蕉《ばしょう》が奥州を旅する場面（【文章Ⅰ】）と、それを解説した文章『奥細道菅菰抄《おくのほそみちすがごもしょう》』（【文章Ⅱ】）である。【文章Ⅰ】と【文章Ⅱ】を読んで、後の問い（問1〜6）に答えよ。（配点 50）

【文章Ⅰ】

これより（注1）殺生石《せつしやうせき》に行く。（注2）館代《くわんだい》より馬にて送らる。この（注3）口付きの男《をのこ》、「(ア)短冊得させよ」と乞ふ。やさしき事を望み侍《はべ》るものかなと、

X　野を横に馬ひきむけよほととぎす

殺生石は温泉《いでゆ》の出づる山陰《やまかげ》にあり。石の毒気いまだほろびず、蜂・蝶《てふ》のたぐひ、真砂《まさご》の色の見えぬほど重なり死す。

また、（注4）清水《しみず》流るるの柳は蘆野《あしの》の里にありて、田の畔《くろ》に残る。この所の郡守《こほりのかみ》戸部《こほう》某《なにがし》の、「(イ)この柳見せばや」など、折折に（注5）のたまひ聞こえ給《たま》ふを、いづくのほどにやと思ひしを、今日この柳のかげにこそ(ウ)立ち寄り侍りつれ。

Y　田一枚植ゑて立ち去る柳かな

こころもとなき日数《ひかず》重なるままに、（注6）白河の関にかかりて旅心《たびごころ》定まりぬ。「（注7）いかで都へ」とたより求めしもことわりなり。中にもこの関は三関《さんかん》の一《いち》にして、（注8）風騒《ふうさう》の人、心をとどむ。A秋風を耳に残し、紅葉をおもかげにして、青葉の梢《こずゑ》なほあはれなり。卯《う》の花の白妙に茨《いばら》の花の咲き添ひて、雪にも越ゆる心地ぞする。古人《こじん》、冠を正し、衣装を改めし事など、（注9）清輔《きよすけ》の筆にもとどめ置かれしとぞ。

卯の花を（注10）かざしに関の晴れ着かな　（注11）曽良《そら》

（注）1　殺生石――現在の栃木県那須町湯本にある溶岩の大塊。金毛九尾《きんもうきゅうび》の狐《きつね》が殺されて化したと伝えられる石。

2　館代――大名の留守を預かる家老。

3　口付きの男――馬の手綱を取る馬方。

4　清水流るるの柳――【文章Ⅱ】の「『清水流るる』の柳」と同じ柳のこと。

5　のたまひ聞こえ給ふ――ここでは「おっしゃいます」の意味。

6　白河の関――現在の福島県白河市にあった関所。奥州三関の一。古来、文学作品にとりあげられた歌枕。

7　「いかで都へ」――平安時代中期の歌人、平兼盛の和歌「たよりあらばいかで都へ告げやらむ今日白河の関は越えぬと」（『拾遺和歌集』）を指す。

8　風騒の人――風流を愛する人。芭蕉自身のこと。

9　清輔の筆――平安時代後期の歌人、藤原清輔による歌論書『袋草紙《ふくろそうし》』のこと。

10　かざし――頭髪・冠などに草木の花や枝をさすこと。

11　曽良――江戸時代前・中期の俳人。芭蕉の門人で『おくの細道』の旅に随行した。

【文章Ⅲ】

「清水流るる」の柳は、西行の歌に「B道の辺《べ》に清水流るる柳陰しばしとてこそ立ち止まりつれ」、これよりしての名なり。今は上人《しやうにん》遊《ゆ》行柳《ぎやうやなぎ》といふ。（注1）風物の俗説によるなり。この柳は、葦野の宿の北はづれ、西の方《かた》、畑の中に八幡宮の社《やしろ》ありて、その鳥居の傍らに残る。

（注2）この句はじめは七文字、「植ゑて立ち寄る」とあり。案ずるに、それにては、（注3）早《さ》乙《おと》女《め》の立ち寄るにも働き、かつ「寄る」は前書にありて、句中には言ふにおよばず。かたがた一句の風情うすし。「立ち去る」とすれば、余情に西行の歌を受けて、我はしばしがほどと思ひしに、早乙女の田一枚植うる間、この柳がもとに下涼みして今立ち去ると、ここに意を含みたる再

きまふべし。

案なるべし。これにて、前書のつなぎ、名物のなごり、いずれもよく整ひ侍る。これらにて、発句《ほっく》に前書の仕方をも察しわきまふべし。

（注）1　風物の俗説――この土地に関する俗説。「遊行柳」という名は、西行の死後に創作された、西行を題材とする謡曲「遊行柳」によるとされている。
2　この句――**【文章Ⅰ】**の発句**Y**を指す。
3　早乙女――田植えをする女。

問１　傍線部(ア)〜(ウ)の解釈として最も適当なものを、次の各群の①〜⑤のうちから、それぞれ一つずつ選べ。解答番号は **1** 〜 **3** 。

(ア)　短冊得させよ **1**

① 私に短冊を書かせてくれ
② 私に短冊を与えてくれ
③ 私と一緒に短冊を書いてくれ
④ 馬に短冊を持たせてくれ
⑤ 馬に関する短冊を作ってくれ

(イ)　この柳見せばや **2**

① この柳を見せたいなあ
② この柳を見に行きたいなあ
③ この柳があればなあ
④ この柳を見てほしい
⑤ この柳が見えるだろうか

(ウ)　立ち寄り侍りつれ **3**

① 探し当てました
② お連れ申し上げた
③ 案内して下さった
④ 足をとめました
⑤ 訪問して下さい

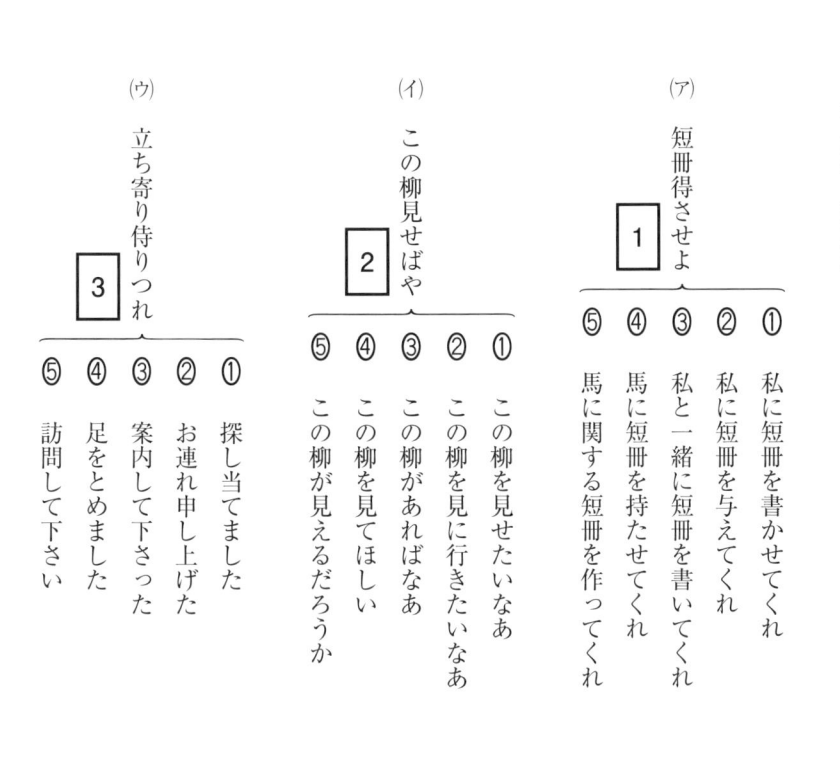

問2　発句X「野を横に馬ひきむけよほととぎす」についての説明として**適当でないもの**を、次の①～⑤のうちから一つ選べ。解答番号は［4］。

① 命令形「ひきむけよ」を用いて、馬方の男に呼びかけている。
② 季語は鳥の名の「ほととぎす」で、季節は夏である。
③ 馬方が風流なことを言い出したのを芭蕉が興じている発句である。
④ 芭蕉が馬上で体験した光景を吟じたと考えられる発句である。
⑤ ともに殺生石から逃げようと冗談を言った諧謔《かいぎゃく》味のある発句である。

問３　傍線部Ａ「秋風を〜心地ぞする」の説明として最も適当なものを、次の①〜⑤のうちから一つ選べ。解答番号は［５］。

① 萌えだしたばかりの青葉の梢は、秋の紅葉の季節とはまったく違った風情があると思っている。
② 青葉の梢から時に寒さを感じる風が吹くと、もう紅葉の季節かと思うほどの奥州の気候に驚いている。
③ 卯の花や茨の花のすがすがしい白色は、雪の季節以上の清新な美しさであると感動している。
④ まだらに雪の残る早春の風景は、雪の盛りよりも趣深く感じられるとあらためて気づいている。
⑤ 淡雪の中に卯の花や茨の花が混じって咲いている光景は、都では見られないものだと感心している。

問4　傍線部B「道の辺に清水流るる柳陰しばしとてこそ立ち止まりつれ」の説明として**適当でないもの**を、次の①～⑤のうちから一つ選べ。解答番号は 6 。

① 「清水流るる柳陰」とは、水が流れる場所の側に生えている柳の木陰という意味である。
② 「しばしとて」とは、しばらくの間、その場所で休憩しようと思ったということである。
③ 「つれ」は、完了の助動詞「つ」で、係助詞「こそ」を受けて已然形「つれ」になっている。
④ 「つれ」の後ろに、予想外に長居して旅程が遅れてしまったことが悔やまれるという内容が省略されている。
⑤ 厳しい旅の途中で、思いがけない安らぎや休息を与えてくれた自然の風物への感謝が感じられる歌である。

問5 【文章Ⅱ】の作者は、【文章Ⅰ】の発句Yの句中の七文字「植ゑて立ち去る」について、はじめの案である「植ゑて立ち寄る」との表現の違いをどう考えているか。その説明として最も適当なものを、次の①～⑤のうちから一つ選べ。解答番号は 7 。

① はじめの案の「植ゑて立ち寄る」では、田植えを終えた早乙女の休んでいる柳の陰で、芭蕉も一緒に涼をとったことになり、西行の歌が生かされていない。

② はじめの案の「立ち寄る」は、この発句の直前の本文にある「立ち寄り侍りつれ」を意図的に反復して、西行ゆかりの柳に立ち寄ったということを強調しようとしている。

③ 発句Yの「立ち去る」は、かつて西行が「立ち止ま」った柳の木を、時を経た今、芭蕉が「立ち去る」の意味となり、西行の歌との呼応が生まれる。

④ 発句Yの「立ち去る」は、西行ゆかりの柳をあえて「立ち去る」ことで、歌人としての西行を俳諧で越えていきたいという芭蕉の願望を表現したものである。

⑤ 発句Yの「立ち去る」は、早乙女たちが一枚の田を植え終わって「立ち去」り、もはや西行も立ち去り、誰もいなくなった寂しさが表れている。

問6　次の【文章Ⅲ】は、【文章Ⅰ】【文書Ⅱ】に登場した「清水流るるの柳」に関連する謡曲（能の台本）『遊行柳《ゆぎょうやなぎ》』の一節である。修行の旅をしている遊行上人（注1）（ワキ）は、白河の関を通り過ぎたところで、ある老人（シテ）と出会い、西行ゆかりの柳の木に案内される。この文章も参考にして、「清水流るるの柳」に関する説明として最も適当なものを、次の①～⑤のうちから一つ選べ。解答番号は 8 。

【文章Ⅲ】

シテ「のうのう、これなる古塚《ふるつか》の上なるこそ、朽木《くちき》の柳にて候へ。よくよく御覧候へ。」

ワキ「さてはこの塚の上なるが名木《めいぼく》の柳にて候ひけるぞや。げに川岸も水絶えて、河添ひ、柳朽ち残る。老木《おいき》はそれとも見えわかず、蔦葛《つたかづら》のみ這《は》ひかかり、青苔《せいたい》、梢《こずゑ》を埋《うづ》む有様、まことに星霜《せいさう》年ふりたり。さて、いつの世よりの名木やらん。くはしく語り給ふべし。」

シテ「昔、鳥羽《とば》の院（注2）の北面《ほくめん》、佐藤兵衛《びやうゑ》憲清《のりきよ》、出家し、西行と聞こえし歌人《うたびと》、この国に下り給ひしが、頃は水無月《みなづき》半《なかば》なるに、この川岸の木《こ》のもとに、しばし立ち寄り給ひつつ、一首を詠じ給ひしなり。」

ワキ「いはれを聞けば面白や。さてさて西行上人の詠歌《えいか》は、いづれの言葉やらん。」

シテ（注3）「六時《ろくじ》不断《ふだん》の御《おん》勤めの隙《ひま》なきうちにも、この集をば御覧じけるか。『新古今』に

道の辺に清水流るる柳かげ、清水流るる柳かげ、しばしとてこそ立ちとまり」

（注）
1　ワキ――能楽で脇役のこと。同じく「シテ」は能楽で主役のこと。
2　北面――院の北面に詰めて近侍した武者。院の武力組織の中心。
3　六時不断――一日六度の読経。熱心な仏道修行のさま。

①【文章Ⅲ】で、遊行上人たちが「清水流るるの柳」を訪れてみると、それまでは水も涸《か》れ果てた川沿いで古びた枝に見えていた老木が、急に明るい輝きを放ち、見事によみがえった。

②【文章Ⅲ】で、西行が詠んだ「清水流るるの柳」の和歌を遊行上人が知らなかったことを、シテの老人は「『新古今和歌集』を読んでいないとは、仏道修行がまだ足りていない」とからかった。

③【文章Ⅰ】で、戸部某が芭蕉に「清水流るるの柳」の場所を教えなかったのは、【文章Ⅲ】のシテの老人を真似て、自分で芭蕉を連れて行って西行の和歌の由緒を説明したかったからである。

④【文章Ⅱ】で、「清水流るるの柳」の場所を【文章Ⅰ】よりも詳しく説明しているのには、【文章Ⅲ】に出てくる伝説の柳の木が作り話ではなく本当に存在することを強調する意図がある。

⑤「清水流るるの柳」を訪れた西行の逸話にあこがれて芭蕉が同じ場所を訪れていることから、三つの文章の成立時期は、【文章Ⅲ】→【文章Ⅰ】→【文章Ⅱ】の順であることがわかる。

第6問 『歌学提要』

解答・解説37ページ

次の文章は、江戸時代の歌人香川景樹《かがわかげき》の歌論を、門弟である内山真弓《うちやままゆみ》が記した『歌学提要《かがくていよう》』の一節で、和歌の「趣向」について述べたものである。これを読んで、後の問い(問1～5)に答えよ。(配点 50)

詠歌に趣向を求むることはあるまじきわざなり。古歌のよきを見よ。なにかの趣向かある。(注1)顕輔卿《あきすけきやう》の「秋風にただよふ雲」の歌、なにひとつ思ひつきたる趣もなく、常あるさまを言ひたるのみ。されど七百年の遠きをわたり、貴賤《きせん》となく賢愚となく、その月に向かへばうかび出《い》でて、ひたすら感ぜらるるは、(ア)あやしからずや。よき歌はみなかかれど、今は一首をあげて驚かしおくのみ。

こればかりのことは誰も思ひもし言ひもすれど、言ひたりとて何の甲斐があらむと思ひ捨てて、今一等上を求め、深きをさぐり、やうやう歌の境《さかひ》を離れて、さて歌なりと思ひもし、言ひもすれば、ほとほと歌の本体を失ふものなり。ただ実物実景に向かひて、思ふままをすらすらと詠み出でむには、おのづから(注2)調べ整ひてめでたき調べは出で来るものなり。

また今の世、我はと誇れる人の歌を見るに、おほかた趣向と義理とを旨としてものするゆゑに、枝をため葉をすかしたる庭木のごとく、自然の調べ・自然の姿を失ひたれば、(イ)これはと感ずるはさらにて、聞きだに分け難きもままあるものなり。

されば、師、常に、「歌はことわるものにあらず。調ぶるものなり。道理なき歌はなほ詠むべし。歌ならぬ理《ことわり》は言ふべからず」と教へ給《たま》ひぬ。これ調べあれば歌、調べなければ歌にあらず。畢竟《ひつきやう》調べとは歌の称なり。また、「道なくして行くものは音調なり。道ありて行かれぬものは(注3)辞理なり」とも示されたり。音調のかかるところ実におほいならずや。されば、趣向の穿鑿《せんさく》をやめて、ただ誠実の思ひを詠み出づるにしくことなきを知るべし。

また、(注4)言懸《いひかけ》はおほかた歌がら賤《いや》しく、心おとりのするものにして、感哀をそこなふものなり。好みてものすべからず。初心の輩《ともがら》は、景色と心とをよそにして、まづ穏やかならぬ言懸をもとめて歌を詠まんとするがゆゑに、前後合はず、調べ整ふことなし。これ、歌は真実なることを知らず、みだりに造りかまふるものと思へる誤りなり。ただ常言《つねこと》をもてこの思ひを述ぶるのほかなきことを悟るべし。

さて、なしといふを嵐に言ひ懸け、あるいは、逢《あ》ふこと波に（注5）などはたらかし言はんは、まだしもありなん。知らずといふ（注6）を白波・白菊など詠みて聞かせんとするは、(ウ)あかぬわざなりかし。さはいへど、言懸にもよき歌、なきにしもあらねば、ひたすらこれを捨てよと言ふにはあらず。ただ心してものせんのみ。X誠実より出で来ば、なかなか調べを助けて匂ひめでたきもありぬべし。されど、「歌の歌臭きは歌にあらず。物その匂ひあるはつたなし」とぞ。さらば、ただ歌を捨て歌を詠むべきにこそ。

（注）1　顕輔卿の「秋風にただよふ雲」の歌――「秋風にたなびく雲の絶え間よりもれ出づる月のかげのさやけさ」（『新古今和歌集』藤原顕輔）を指す。ただし、本文では第二句を「ただよふ」としている。

2　調べ――香川景樹が主張する和歌の本質を表す言葉で、自然で心地良い音感や表現から感じられる余情・格調などを言う。

3　辞理――文章。

4　言懸――掛詞。

5　逢ふこと波に――「難波《なには》人《びと》いかなるえにか朽ちはてん逢ふことなみにみをつくしつつ」（『新古今和歌集』藤原良経）などを指す。

6　知らずといふを白波・白菊など詠みて――「天の川浅瀬しら波たどりつつ渡りはてねば明けぞしにける」（『古今和歌集』紀友則）・「契りありてうつろはむとやしら菊の紅葉の下に花の咲きけむ」（藤原定家）などを指す。

問1　傍線部(ア)〜(ウ)の解釈として最も適当なものを、次の各群の①〜⑤のうちから、それぞれ一つずつ選べ。解答番号は 1 〜 3 。

(ア)　あやしからずや 1
① 愚かなことではないよ
② つまらないことではないか
③ もってのほかのことだよ
④ 不思議なことではないか
⑤ みっともないことだなあ

(イ)　これはと感ずるはさらにて 2
① これはなるほどと共感できるものはもちろんあって
② これはすばらしいと感動するものはもちろんなくて
③ これはどういうことかと思うものはもちろんなくて
④ これは不自然だと感じられるものはもちろんなくて
⑤ これは劣っていると思われるものはもちろんあって

(ウ)　あかぬわざ 3
① 不満なこと
② 不明なこと
③ 不正なこと
④ 不手際なこと
⑤ 不統一なこと

問2 傍線部X「誠実より出で来ば、なかなか調べを助けて匂ひめでたきもありぬべし」の説明として最も適当なものを、次の①～⑤のうちから一つ選べ。解答番号は 4 。

① 「誠実より」は、誠実な気持ちで和歌を詠むこと以上に、調べを整える努力が重要であることを表している。
② 「出で来ば」は、必ず良い和歌が生まれるという恒常条件を表している。
③ 「なかなか」は、掛詞を完全に否定するわけではなく、効果的な場合もあることを認める姿勢を表している。
④ 「匂ひ」は、掛詞を用いた和歌を美しい色紙に流麗な文字で書いた際の見た目の美しさを意味している。
⑤ 「ありぬべし」には、決してあってはならないと強く戒める筆者の気持ちが込められている。

問3　和歌の「趣向」についての筆者や香川景樹の考えに合致するものを、次の①～⑤のうちから一つ選べ。解答番号は 5 。

①　「趣向」に走ることは原則としてあってはならないが、優れた古歌の中には、一見して気付かないところに何らかの「趣向」が隠されているものもある。

②　誰もが思ったり言ったりするような平凡な内容を詠む場合には、「趣向」を凝らすことによって、従来の和歌にはない高い境地を目指す姿勢が重要である。

③　「趣向」を前面に出した和歌を詠もうとする際には、全体としての内容が道理に合っているかどうかを念入りに確かめ、推敲《すいこう》を重ねて仕上げなければならない。

④　音調が和歌の出来を大きく左右するので、小手先の「趣向」ではない深い知識に基づいた表現力を磨くために、誠実に努力する姿勢が不可欠である。

⑤　初心者は奇抜な掛詞を用いた和歌を詠もうとする傾向があるが、無理のある掛詞は不要な「趣向」にあたるので、詠み込む際には慎重を期する必要がある。

問4　この文章の表現の特徴と内容についての説明として最も適当なものを、次の①～⑤のうちから一つ選べ。解答番号は 6 。

① 「古歌のよきを見よ」「今の世、我はと誇れる人の歌を見るに」のように、昔と今の和歌を比較することによって、時代の変化に伴う和歌の変遷がわかるようになっている。

② 「なにかの趣向かある」「悟るべし」「捨てよ」のように、反語表現・助動詞「べし」・命令形を多用することによって、歌人たちの意識を改革していこうとする筆者の意志が強く表されている。

③ 「頭輔卿の『秋風にただよふ雲』の歌」「『道ありて行かれぬものは辞理なり』とも示されたり」のように、古歌や師の言葉を引用することによって、筆者の見解を裏付ける根拠が加えられている。

④ 「その月に向かへばうかび出でて」「枝をため葉をすかしたる庭木」のように、親しみやすい比喩表現を取り入れることによって、掛詞などの修辞技巧の効果が強調されている。

⑤ 「逢ふこと波になどはたらかし」「知らずといふを白波・白菊など詠み」のように、不適切な掛詞の例を挙げることによって、古歌を一方的に称賛する人をたしなめる公平な姿勢が示されている。

問5　次に掲げるのは、二重傍線部「なしといふを嵐に言ひ懸け」に関して、生徒と教師が交わした授業中の会話である。最後に教師が提示した『新古今和歌集』の贈答歌について、六人の生徒から出された発言①～⑥のうち、適当なものを二つ選べ。ただし、解答の順序は問わない。解答番号は［7］・［8］。

生徒　先生、この「なしといふを嵐に言ひ懸け」というのは、掛詞のことだと思うんですけど、掛詞というのは、同音異義語を利用して一つの言葉に二つの意味を持たせるものですよね。どうして「なし」と「嵐」が掛詞なんですか。

教師　いいところに気付いたね。たしかに「なし」と「あらし」はまったく違う言葉だけど、「なし」にあたる意味が「あらし」に見出せないかな。たとえば、「泣かれ」と「流れ」のように、掛詞では清音と濁音の区別はしないというのがヒントだよ。

生徒　ということは、「あらし」の「し」を濁音の「じ」にすると、あっ、「あらじ」だ。

教師　その通り。「あらじ」は、動詞の「あり」に助動詞の「じ」が付いたもので、「ないだろう」や「いるまい」という意味になるね。「なしといふを嵐に言ひ懸け」は、要するに「存在しない」という意味の「あらじ」を「嵐」に掛けているということなんだよ。

生徒　なるほど。具体的にはどんな和歌がありますか。

教師　『新古今和歌集』に次のような贈答歌があるよ。詞書《ことばがき》も踏まえた和歌の内容をみんなで考えてごらん。

山里に住み侍《はべ》りけるころ、嵐はげしき朝《あした》、前中納言顕長《さきのちゅうなごんあきなが》がもとに遣はしける

後徳大寺左大臣《ごとくだいじのさだいじん》

夜半《よは》に吹く嵐につけて思ふかな都もかくや秋は寂しき

返し

前中納言顕長

世の中にあきはてぬれば都にも今はあらしの音のみぞする

①　生徒A――後徳大寺左大臣の「夜半に吹く…」の和歌は、あまりにも激しい嵐が吹いたので、「嵐」に「あらじ」を掛けて、「普段なら嵐が夜中に吹くことなどないだろうと思った」と詠んでいるんだね。信じられないようなことが起こったと驚く気持ちがうまく表現されているね。

②　生徒B――そうかなあ。「夜半に吹く…」の和歌の「嵐」は、掛詞ではないと思うよ。「夜中に嵐が吹くとどれほど寂しい思いがするか、都に住んでいた頃には想像もしなかった」という意味で、嵐が吹く山里とは対照的な都の穏やかさを思い起こして感慨に浸っている様子を詠んでいるんだよ。

③　生徒C――私もBさんの言うように「夜半に吹く…」の和歌の「嵐」は「嵐」の意味しかないと思う。でも、和歌の内容は、山里で激しい嵐が吹いた翌朝、都にいる前中納言顕長に、「こちらで夜中に嵐が吹くと、都もこのように秋は物寂しいのかと思いを馳《は》せることですよ」と詠み贈ったものだよ。

④　生徒D――前中納言顕長の「世の中に…」の和歌は、「夜半に吹く…」の和歌への返歌だね。この和歌の「あらし」が、「嵐」と「あらじ」の掛詞になっているんだよ。「山里と違って都では嵐が吹くことなどないだろう」と詠んで、後徳大寺左大臣からの気遣いに感謝しつつも心配は無用だと表明しているんだね。

⑤　生徒E――待って。第三句に「都にも」とあるから、都でも山里と同じように嵐が吹いているんだよ。とすれば、「あらじ」の意味がわからない。もしかして、この和歌の「あらし」は、「嵐」と「荒し」の掛詞ではないかな。嵐が荒々しく吹いている様子を強調する表現になっているんだよ。

⑥　生徒F――「世の中に…」の和歌の「あらし」は、Dさんの意見の通り、「嵐」と「あらじ」の掛詞だよ。ただし、この和歌では、「あき」も「秋」と「飽き」の掛詞になっていて、「秋が終わって嵐が吹いている」という意味の裏に、「世の中がすっかりいやになったから、都にももういるまい」という意味が込められていると思う。

第7問 『宇津保物語』

解答・解説43ページ

次の文章は『宇津保《うつほ》物語』「俊蔭《としかげ》」の一節で、太政大臣の一行が賀茂神社に参詣《さんけい》した際に、ある邸《やしき》の前を通りかかるところから始まる。その邸は、風雅な貴族であった俊蔭夫妻が亡くなって以来すっかり荒れ、遺《のこ》された一人娘（女）が寂しく暮らしていた。これを読んで、後の問い（問1～5）に答えよ。（配点　50）

かくて、八月《はづき》中の十日ばかりに、時の太政大臣、御願《ぐわん》ありて、賀茂《かも》に詣で給《たま》ひけるを、舞人《まひびと》(注1)、陪従《べいじゆう》、例の作法なれば、いと(ア)いかめしうて、この俊蔭《としかげ》の家の前より詣で給ふ。舞人、陪従いかめしう、御前《ごぜん》(注2)数知らず過ぎ給ふを見るとて、こぼれたる蔀《しとみ》のもとに立ち寄りて見るに、遊び人(注3)、御車など過ぎて、立ち後《おく》れて、これも前駆《さき》追ひて、年二十ばかりの男、また十五歳ばかりにて玉光り輝くうなゐの、御馬副《うまぞひ》(注4)多くて渡り給ふ。うなゐはこの大臣殿の御四郎にあたり給ふ。父大臣《おとど》、かぎりなくかなしうし給ひて、片時御目をはなち a給はぬ御子《おほんこ》なりけり。若小君《わかこぎみ》となん(イ)聞こえける。この家の垣ほより、いとめでたく色清らなる尾花《をばな》(注5)、折れかへりまねく。先に立ち給へる人、「あやしくまねく所かな」とて、

A　吹く風のまねくなるべし花薄《はなすすき》われ呼ぶ人の袖《そで》と見つるは

とて、渡り給ふ。若小君、

B　見る人のまねくなるらむ花薄わが袖ぞとは言はぬものから

とて、立ち寄り給ひて、折り給ふに、この女の見ゆ。「あやしく、めでたき人かな。心細げなる住まひするかな」と見給ふに、うち歩み入《い》る後ろ手、こともなし(注6)。若小君、あはれと見給へど、ひとり行く道にしあらねば、X しひて過ぎ給ひぬ。

かくて、御社《みやしろ》に詣で着き給ひて、神楽《かぐら》(注7) b奉り給ふに、若君、「昼見えつる人、なにならん。(ウ)いかで見む」と思《おぼ》して、暗く帰り給ふに、人に立ち後れて、皆人《みなびと》渡り果てぬるに、若小君、かの家の秋の空しづかなるに、見めぐりて見給へば、野ら

藪《やぶ》のごとおそろしげなるものから、心ありし人の、(注8)いそぐことなくて心に入れてつくりし所なれば、木立《こだち》よりはじめて、水の流れたるさま、草木のすがたなど、をかしく見所あり。蓬《よもぎ》、葎《むぐら》の中より、秋の花はつかに咲き出でて、池広きに月おもしろく映れり。おそろしきこともおぼえず、おもしろき所を分け入りて見c給ふ。秋風、川原《かはら》風まじりてはやく、草むらに虫の声みだれて聞こゆ。月くまなうあはれなり。人の声聞こえず。かかる所に住むらん人を思ひやりて、ひとりごとに、

　虫だにもあまた声せぬ浅茅生《あさぢふ》(注9)にひとり住むらん人をこそ思へ

とて、深く草を分け入り給ひて、屋のもとに立ち寄り給へれど、人も見えず、ただ薄のみ、いとおもしろくてまねく。くまなう見ゆれば、なほ近く寄り給ふ。東面《ひんがしおもて》の格子《かうし》、一間《ひとま》上げて、琴をみそかに弾く人あり。立ち寄り給へば入りぬ。「あかなくにまだきも月の」などのたまひて、簀子《すのこ》の端に居給ひて、「かかる住まひし給ふは、たれぞ。名乗りしd給へ」などのたまへど、答《いら》へもせず。内暗《うちぐら》なれば、入りにし方も見えず。月やうやう入りて、

　C　立ち寄ると見る見る月の入りぬれば影をたのみし人ぞわびしき

また、

　D　入りぬれば影も残らぬ山の端《は》に宿まどはして嘆く旅人

(注) 1　舞人、陪従――参詣の行列で神に奉納する舞楽を行う者たち。後出の「遊び人」も同じ。

2　御前――行列の先払いをする人。後出の「前駆」も同じ。

3　うなゐ――童髪《わらわがみ》(＝元服前の髪型)の少年。

4　御馬副――貴人の乗る馬の轡《くつわ》を持つ従者。

5　尾花――薄《すすき》。後出の「花薄」も同じ。

6　こともなし――変化《へんげ》の者というわけでもないということ。

7　神楽――神に奉納する舞楽。

8　心ありし人――邸の主人であった俊蔭を指す。風流心のある人物で、邸を趣深くしつらえていた。

9　浅茅生――雑草が生い茂った家。

問1　傍線部(ア)〜(ウ)の解釈として最も適当なものを、次の各群の①〜⑤のうちから、それぞれ一つずつ選べ。解答番号は 1 〜 3 。

(ア)　いかめしうて 1
①　奇妙な様子で
②　優雅な様子で
③　盛大な様子で
④　軽快な様子で
⑤　静粛な様子で

(イ)　聞こえける 2
①　言いました
②　おっしゃった
③　うかがった
④　申し上げた
⑤　お聞きになった

(ウ)　いかで見む 3
①　どうして見たのだろうか
②　どうにかして見よう
③　どうしても見えなかった
④　どうして見ずにいられようか
⑤　どう見たらよいのか

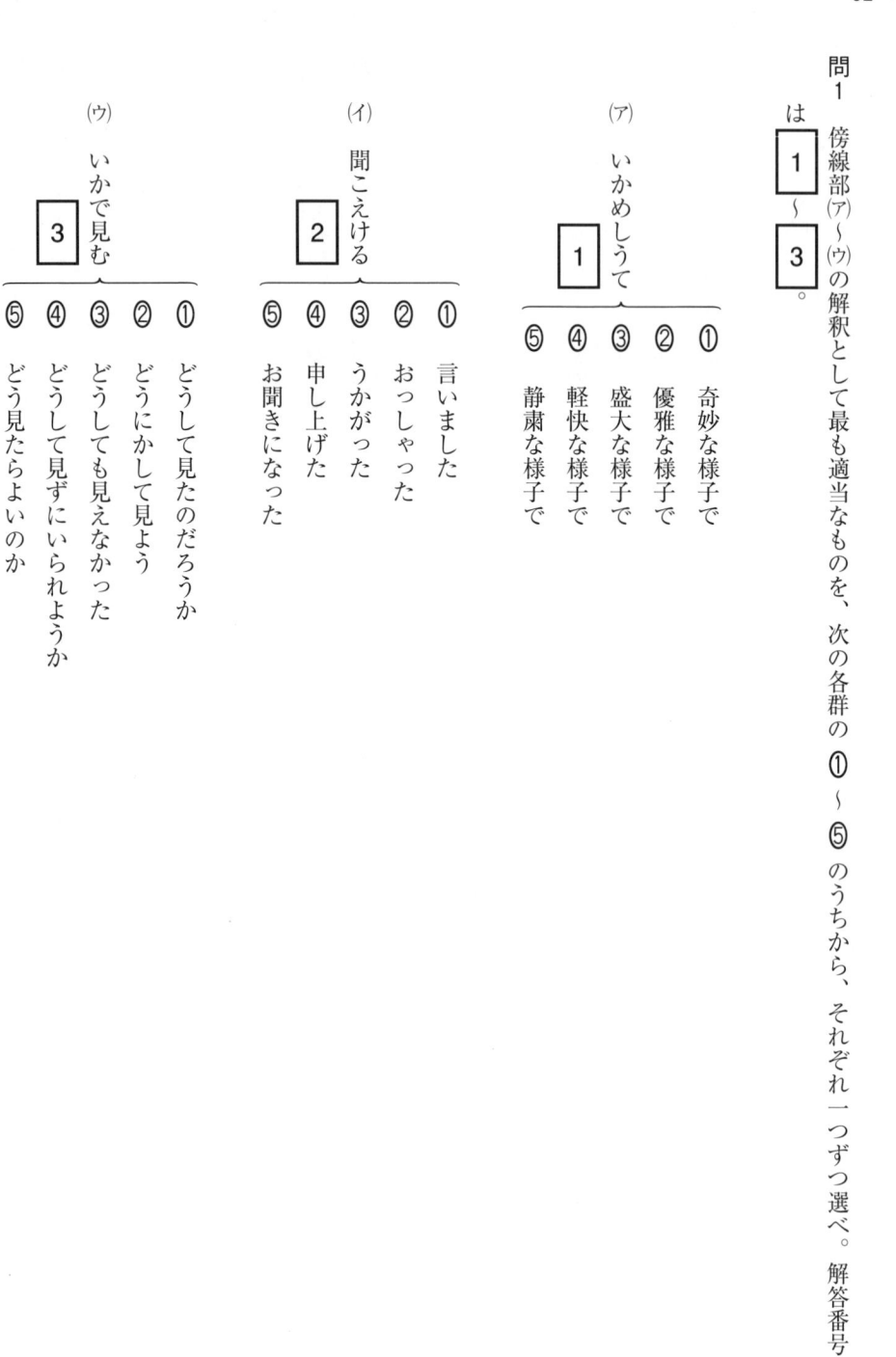

問2　波線部a〜dの敬語は、それぞれ誰に対する敬意を示しているか。その組合せとして正しいものを、次の①〜⑤のうちから一つ選べ。解答番号は 4 。

① a 太政大臣　b 御社　c 若小君　d 女
② a 太政大臣　b 太政大臣　c 俊蔭　d 若小君
③ a 太政大臣　b 御社　c 若小君　d 若小君
④ a 御子　b 太政大臣　c 俊蔭　d 女
⑤ a 御子　b 御社　c 女　d 若小君

問3　和歌A・Bについての説明として**適当でないもの**を、次の①～⑤のうちから一つ選べ。解答番号は 5 。

① A・Bはともに二句切れで、初・第二句と第三・第四・結句が倒置されている。
② A・Bの「まねく」は、風が吹いて揺れる薄の様子を比喩的に表現したものである。
③ Aの「花薄われ呼ぶ人の袖と見つる」は、誰かが自分を呼んでいるかのようだという意味である。
④ Bの「見る人」は、通りかかった邸を覗《のぞ》き込んでいる若小君たちのことを言っている。
⑤ Bの「わが袖ぞとは言はぬ」は、邸に住む人の素性が若小君にはわからないという意味である。

問４　傍線部X「しひて過ぎ給ひぬ」とあるが、そうするに至るまでの若小君の言動や心情の説明として最も適当なものを、次の①～⑤のうちから一つ選べ。解答番号は［６］。

①　通りすがりの邸に断りもなく入り込んで薄を折り取ったことを見咎《とが》められ、たいそう気まずく思った。

②　建具も壊れている荒れた邸なのに、不似合いなほど美しい女がいることを不審に思って興味を持った。

③　同行者はみすぼらしいと言ったけれども、美しい薄が揺れている邸はかえって風情があると感じた。

④　行列から遅れてしまったので、いつもはかわいがってくれる父から叱責されるのではないかと恐れた。

⑤　女の貧しい生活ぶりを気の毒に思ったけれども、自分だけの判断で援助するのは無理だと一旦諦めた。

問5　次に掲げるのは、二重傍線部「あかなくにまだきも月の」に関して、生徒と教師が交わした授業中の会話である。会話中にあらわれる『古今和歌集』の和歌や、それを踏まえる本文の和歌C・Dの解釈として、会話の後に六人の生徒から出された発言①～⑥のうち、適当なものを二つ選べ。ただし、解答の順序は問わない。解答番号は［7］・［8］。

生徒　先生、この「あかなくにまだきも月の」という若小君の言葉なんですけど、月がどうしたと言っているのでしょうか。「月の」で終わっているのでよくわかりません。

教師　それは、『古今和歌集』に収録されている、在原業平《ありわらのなりひら》の

　　あかなくにまだきも月の隠るるか山の端《は》逃げて入れずもあらなむ

という和歌に基づいた言葉なんだよ。その時の状況にぴったり合った有名な和歌の一部を口ずさむというパターンを学習したことがなかったかな。

生徒　「引き歌」のことですね。はい、教わったことがあります。和歌全体を見ると、「月が隠れる」ということですね。でも、本文では、三行前に「月くまなうあはれなり」とあって、月が沈んだわけではないように思うのですが。

教師　たしかにそうだね。では、『古今和歌集』のこの和歌に付いている詞書《ことばがき》を見てみよう。これだよ。

　　惟喬《これたかの》親王《みこ》の狩《かり》しける供にまかりて、宿りに帰りて、夜一夜《よひとよ》酒を飲み物語しけるに、十一日《とをかあまりひとひ》の月も隠れなむとしける折に、親王酔《ゑ》ひて内へ入りなむとしければ、よみ侍《はべ》りける

生徒　「月も隠れなむとしける」が和歌の「月の隠るる」に対応していて、まだ見足りないのに早くも月が沈むのかと詠んでいるんですね。でもよく見ると、和歌が詠まれた状況は、「親王酔ひて内へ入りなむとしければ」と書いてあります。

教師　その通り。この和歌も、本文の和歌C・Dも、単に月のことだけを言っているのではないと考えれば、込めら

れた意味が見えてくるんじゃないかな。みんなで意見を出し合ってごらん。

① 生徒A――『古今和歌集』の和歌は、月が沈むのを惜しんでいるという内容の裏に、奥の部屋へ入ってしまおうとなさる親王に対して、もっと一緒に過ごしたいという思いが込められているんだね。最後に強調の係助詞「なむ」が用いられていることによって、この場を去らないでくださいと訴える気持ちが強く表れているなあ。

② 生徒B――月に親王を重ねているというのはAさんの言う通りだと思うけど、この「なむ」は係助詞ではなくて終助詞だよ。「山の端逃げて入れずもあらなむ」は、「山が逃げて月を沈ませないでほしい」という意味で、月を隠す山がどこかへ行けばよいとユーモラスに詠みつつ、親王を引き留めたい気持ちも匂わせているんじゃないかな。

③ 生徒C――いずれにせよ、「月」は見立てにもなっているんだね。ということは、和歌Cの「月の入りぬれば」も、月が沈んだということの裏に、若小君が女の邸に入り込んだという意味があって、昼間に自分たちの行列を見ていたあなたに会いたいあまり、今自分がここに来ていますよと伝えているわけだ。

④ 生徒D――和歌Cの「月」は、若小君ではなくて女を喩《たと》えたものだと思うよ。二重傍線部の前の「立ち寄り給へば入りぬ」が、和歌Cの「立ち寄ると見る見る月の入りぬれば」に対応していて、若小君が邸に忍び込んで近寄って行くと、それに気付いた女が奥へ入ってしまったので、残念でつらいと詠んでいるんだよ。

⑤ 生徒E――私も和歌Cの喩えはDさんの意見が正しいと思うけど、「わびしき」は、若小君の気持ちではなくて、女の暮らしが貧しくてつらいということじゃないかな。女は、没落して雑草が茂る邸に住む自分をみじめに思い、和歌**D**でも、「影」や「宿まどはして」と詠んで、貧しい生活から救ってほしいという気持ちを表現したんだよ。

⑥ 生徒F――なるほど。和歌Cと和歌**D**の「影」は、恵まれない暮らしの喩えで、和歌**D**の「宿まどはして嘆く」は、住んでいる邸も荒れてしまって嘆いているということなのか。女は、貧しさから逃れるために、邸のそばを通りかかった若小君を引き留める和歌を詠んだということだね。

第8問 『風姿花伝』

解答・解説51ページ

次の文章は、室町時代の能役者・能作家の世阿弥《ぜあみ》が著した能楽論書『風姿花伝《ふうしかでん》』の一部で、【文章Ⅰ】は三十歳に近づいた頃の役者の芸について、【文章Ⅱ】は若い役者と老練の役者との違いについて、【文章Ⅲ】は観客の鑑賞眼について、それぞれ述べたものである。【文章Ⅰ】～【文章Ⅲ】を読んで、後の問い（問1～6）に答えよ。（配点　50）

【文章Ⅰ】

この頃、一期《いちご》の芸能の定まる初めなり。さるほどに、稽古の境《さかひ》なり。(注1)声もすでに直り、体《てい》も定まる時分なり。されば、この道に二つの果報あり。声と身形《みなり》なり。これ二つは、この時分に定まるなり。年盛りに向かふ芸能の生ずる所なり。

さるほどに、よそ目にも「すは、上手《じやうず》出《い》で来たり」とて、(ア)人も目に立つるなり。もと(注2)名人などなれども、当座の花にめづらしくして、(注3)立合《たちあひ》勝負にも一旦勝つ時は、人も思ひ上げ、主《ぬし》も上手と思ひ染《し》むるなり。これ、かへすがへす主のため仇《あた》なり。これも、まことの花にはあらず。年の盛りと、見る人の一旦の心のめづらしき花なり。まことの目利きは見分くべし。

この頃の花こそ初心と申す頃なるを、極めたるやうに主の思ひて、はや(注4)中楽《さるがく》にそばみたる(注5)輪説《りんぜつ》をし、至りたる風体《ふうてい》とする事、あさましき事なり。たとひ、人も褒《ほ》め、名人などに勝つとも、「これは一旦のめづらしき花なり」と思ひ悟りて、いよいよ(注6)物まねをも直《すぐ》にし定め、名を得たらん人に事を細かに問ひて、稽古をいや増しにすべし。されば、時分の花をまことの花と知る心が、真実の花になほ遠ざかる心なり。ただ、人ごとに、この時分の花に迷ひて、やがて花の失《う》するをも知らず。初心と申すはこの頃の事なり。

一、(注7)公案《こうあん》して思ふべし。(イ)我が位《くらゐ》の程をよくよく心得ぬれば、それ程の花は一期失せず。位より上の上手と思へば、もとありつる位の花も失するなり。よくよく心得べし。

（注）
1　声もすでに直り――変声期に出にくかった声が回復するということ。
2　名人――世間で有名な役者。
3　立合勝負――他の能役者との競演。
4　申楽――能のこと。
5　輪説――典拠のない勝手な意見を言うこと。
6　物まね――役柄になりきった演技。
7　公案――思案や工夫をすること。もとは禅宗で師が弟子に悟りを得るために与える課題のことであるが、筆者は能役者が演技のために十分に考えを巡らせて工夫するという意味で用いている。

【文章Ⅱ】

問。これに大きなる不審あり。はや功入《こうい》りたる為手《して》の、しかも名人なるに、ただ今の若き為手の、立合に勝つ事あり。これ不審なり。

答。これこそ、先に申しつる三十以前の時分の花なれ。古き為手ははや花失せて古様《こやう》なる時分に、めづらしき花にて勝つ事あり。真実《しんじち》の目利きは見分くべし。さあらば、目利き、目利かずの批判の勝負になるべきか。

さりながら、様《やう》あり。五十以来までの花の失せざらん程の為手には、いかなる若き花なりとも、勝つ事はあるまじ。ただこれ、よき程の上手の、花の失せたるゆゑに、負くる事あり。いかなる名木《めいぼく》なりとも、花の咲かぬ時の木をや見ん。（注）犬桜《いぬざくら》の一重《ひとへ》なりとも、初花《はつはな》の色々と咲けるをや見ん。(ウ)かやうの喩《たと》へを思ふ時は、一旦の花なりとも、立合に勝つは理《ことわり》なり。

されば、肝要《かんえう》、この道はただ花が能の命なるを、花の失するも知らず、もとの名望《めいばう》ばかりを頼まん事、古き為手のかへすがへす誤りなり。物数《ものかず》をば似せたりとも、花のあらん様を知らざらんは、花咲かぬ時の草木を集めて見んがごとし。万木千《ばんぼくせん》草《さう》において、花の色もみなみな異なれども、面白しと見る心は、同じ花なり。物数は少なくとも、一方の花を取り極めたらん為手は、一体《いってい》の名望は久しかるべし。されば、主の心には随分花ありと思へども、人の目に見ゆる公案なからんは、田舎《でんじや》の花、藪梅《やぶうめ》などの、(エ)いたづらに咲き匂はんがごとし。

また、同じ上手なりとも、その内にて重々《ぢゆうぢゆう》あるべし。たとひ随分極めたる上手・名人なりとも、この花の公案なからん為手は、上手にては通るとも、花は後《のち》まであるまじきなり。公案を極めたらん上手は、たとへ能は下がるとも、花は残るべし。花だに残らば、面白き所は一期あるべし。されば、まことの花の残りたる為手には、いかなる若き為手なりとも、勝つ事はあるまじきなり。

(注) 犬桜——山野に自生する木で、桜に似た花をつけるが、桜に比べて見劣りするので、この名がある。

【文章Ⅲ】

およそ、能の名望を得る事、品々《しなじな》多し。上手は目利かずの心にあひかなふ事難し。下手《へた》は目利きの眼《まなこ》に合ふ事なし。下手にて目利きの心にかなはぬは、不審あるべからず。上手の目利かずの心に合はぬ事、これは目利かずの眼の及ばぬ所なれども、得たる上手にて、工夫あらん為手ならば、また、目利かずの眼にも面白しと見るやうに能をすべし。その工夫と達者とを極めたらん為手をば、花を極めたるとや申すべき。されば、この位に至らん為手は、いかに年寄りたりとも、若き花に劣る事あるべからず。

問１　傍線部(ア)・(エ)の解釈として最も適当なものを、次の各群の①～⑤のうちから、それぞれ一つずつ選べ。解答番号は　1　・　2　。

(ア)　人も目に立つるなり　1

①　観客も注目するのである
②　観客にも注目されるのである
③　観客も目を凝らして見るそうだ
④　人も見た目を重視するのである
⑤　人よりも目立って見えるそうだ

(エ)　いたづらに　2

①　奇抜に
②　密かに
③　派手に
④　無駄に
⑤　不吉に

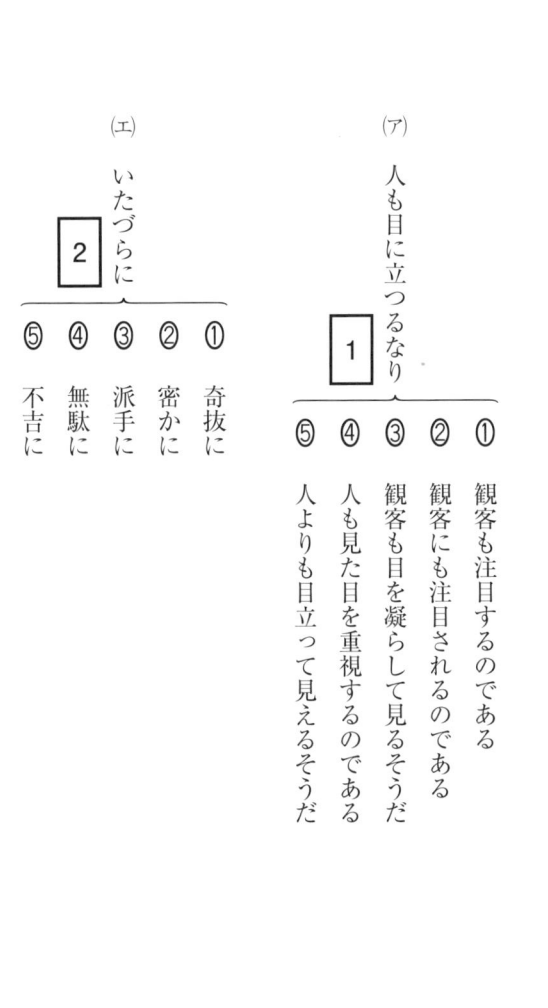

問2　傍線部(イ)「我が位の程をよくよく心得ぬれば、それ程の花は一期失せず」についての説明として最も適当なものを、次の①～⑤のうちから一つ選べ。解答番号は 3 。

① 「我」は筆者（世阿弥）を指している。
② 「一期」は【文章Ⅰ】の第二段落にある「当座」と同じ意味である。
③ 下二段活用動詞の連用形が用いられている。
④ 助動詞が三つ用いられている。
⑤ 順接仮定条件の接続助詞「ば」が用いられている。

問３　【文章Ⅱ】の二重傍線部の「先に申しつる」は、【文章Ⅰ】の内容を指している。「三十以前の時分の花」について、【文章Ⅰ】ではどのように述べられているか。その説明として最も適当なものを、次の①～⑤のうちから一つ選べ。解答番号は［４］。

① 役者を一生の仕事にすると心を決めたら、若いうちは焦らずに稽古量を少なめにしておくと、声と体が安定し、より良い役者になることができる。
② 若い役者が世間で有名になるためには、立合勝負に一度でも勝ち、人からも尊敬され、本人も自分の技能の上達を実感するという経験が必要である。
③ 役者への評価は観客の年齢と気分によって変わるものなので、若い時には評価されなかった役者も、将来は世間で認められる役者に成長する可能性がある。
④ 若い時期には、無名の役者からもあれこれと体験談を聞いて学ぼうとする謙虚な態度と、嫌いな稽古にも耐えて演技を磨く努力の積み重ねが重要である。
⑤ 一時的に高い評価をされた若い役者も、決して思い上がることなく、自分の技量を十分に見定めて上達に励むという姿勢を貫かなければならない。

問4　傍線部(ウ)「かやうの喩へ」の説明として**適当でないもの**を、次の①～⑤のうちから一つ選べ。解答番号は 5 。

① 「花」は、役者としての魅力を喩えている。
② 「花の失せたる」は、まずまずの技量を持つ役者が観客を引きつけることができなくなった状態を喩えている。
③ 「名木」は、経験を積んで世間でも有名な年長の役者を喩えている。
④ 「犬桜の一重」は、技量のない役者を喩えている。
⑤ 「初花の色々と咲ける」は、若い役者の多彩な才能が後世に語り継がれることを喩えている。

問5　**【文章Ⅱ】**の内容についての説明として最も適当なものを、次の①～⑤のうちから一つ選べ。解答番号は 6 。

① 駆け出しの若い役者が、世間でも有名な熟練した役者に立合勝負で勝つ場合があるが、観客がいくら不審に思って批判しても、公正な判定が覆ることはない。
② 五十歳を過ぎてなお魅力を保ち続けているほどの役者であっても、若い役者がさらに魅力的な演技を見せた場合は、どんなに対抗しても勝つことはできない。
③ 能役者として最も重要なことは演技の魅力なので、すでに年功を積んで名声を得ていても、肝心の魅力がなくなってしまった者には役者としての価値がない。
④ 観客はさまざまな役者のさまざまな演目を楽しみにしているので、一つの演目だけを極めて得意にしたとしても、世間の人々にはなかなか認められない。
⑤ 生まれつきの魅力によって有名になった役者は、思案や工夫を凝らさなくても、並大抵な若い役者の追随を許さず、いつまでも名声が褪《あ》せることはない。

問6　**【文章Ⅰ】【文章Ⅱ】**の波線部「目利き」について、**【文章Ⅲ】**ではより詳しく述べられている。「目利き」と役者に関する筆者の考えの説明として**適当でないもの**を、次の①～⑤のうちから一つ選べ。解答番号は 7 。

① たとえ上手な役者であっても、「目利き」ではない者からは、演技に対する正当な評価が下されない場合がある。

② 下手な役者が「目利き」から誤って高く評価されると、役者本人だけでなく観客も不思議に思うものである。

③ 熟達した役者なら、工夫を加えた巧みな演技によって、「目利き」ではない者をも感心させることができる。

④ **【文章Ⅰ】**で言う「まことの目利き」ではない者は、若い役者の一時的な魅力を真の魅力と見誤ることがある。

⑤ **【文章Ⅱ】**の「目利き、目利かずの批判の勝負」とは、観客の鑑賞眼が役者の評価を左右するということである。

第9問　『源氏物語評釈』

解答・解説57ページ

次の文章は、江戸時代の国学者、萩原広道《はぎわらひろみち》が書いた『源氏物語』についての評論の一節である。これを読んで、後の問い（問1〜6）に答えよ。（配点　50）

さて事が中にもいみじきは、(注1)〈雲隠《くもがくれ》〉の巻をたてながら、すべて詞《ことば》を省《はぶ》かれたる、この事のみはいといとめでたく、いといとめづらしくして、やまともろこしいにしへ今にわたりて、かかる筆づかひのいみじき書《ふみ》は、他にまたあることなし。これ省筆法のいみじきものにて、かへすがへすもめでたし。しかるを、(注2)さきざきの注どもに、よしもなき仏説などを引き出《い》でて、さまざま用なき事をば言はれたれど、この〈雲隠〉のさるべきよしを解《と》かれたる物のなきは、いと(ア)くちをしくあかぬ事なり。ましてかの(注3)つたなき物を作り出でて、そのかはりなどいひし人は、いはゆる大海《おほうみ》の一滴《ひとしづく》だに、(注4)作り主の心をえ知らぬものにて、**A**いともいともあぢきなくかたはらいたし。

そもそもこの物語は、(注5)〈桐壺《きりつぼ》〉の巻に、(注6)更衣のうせ給《たま》へるを、帝のいたく嘆き給へるより書き起されたるに、(注7)楊貴妃《やうきひ》のためしをひきいでて、

X　たづねゆく(注8)まぼろしもがな伝《つて》にても魂《たま》のありかをそこと知るべく

と詠み給ひし事を載せたるより、つぎつぎに源氏の君の栄えを書きもてきたれるが、つひに〈御法《みのり》〉の巻にいたりて、紫の(注9)上《うへ》のうせ給へる、**B**これ物語の主《むね》とある人の、まづ一人かくれ給へるにて、やがて光源氏の雲がくれ給ふべき下構《したかま》へなり。さて〈幻《まぼろし》〉の巻にいたりて、正月より十二月まで、かの紫の御おもひにて、いたく嘆き給ふよしを、をりから時々の(イ)月花木草によそへて書き尽くされたる趣《おもむき》、いともいとものがなしくして、この御嘆きの故に、源氏の君はやがてかくれ給ふべきやうに書かれたる、その中に、雲居をわたる雁《かり》を見て、

Y　大空をかよふまぼろし夢にだに見えこぬ魂《たま》のゆくへたづねよ

といふ歌を詠み給へるを、やがて巻の名におふせたるは、C〈桐壺〉の末を結ぶものに似たり。よしやこの論はあたらずしもあれ、かくなしおきて、源氏の君の隠れ給ふ所を書くまじき結構《したぐみ》(注10)とせられたるは、(ウ)たがひなくぞおぼゆる。かの〈幻〉の巻の末に、

Z　物思ふとすぐる月日も知らぬ間《ま》に年もわが世も今日《けふ》や尽きぬる

といふ歌を詠み給へるよしあるは、源氏の君の辞世めきたる歌にして、やがて雲がくれ給ふべきを示したるものなり。さて〈雲隠〉の巻の中に、そこばくの年月をこめおきて、〈匂宮《にほふのみや》〉の巻の始めに、「光かくれ給ひにし後」云々《うんぬん》と書き出て、その御末《すゑ》の事どもを序《つい》でられたる筆づかひ、いはんかたなく心ふかくして、さらにさらにかけても思ひ及ばぬ事どもなりかし。

すべて世にあらゆる作り物語ども、やまともろこしを言はず、いづれもいづれも、その主とたてたる人の上をば、かぎりもなき栄えを極めたるさまにして終《をは》らぬはなし。されどもそこに至りては、ことさらに作りたる跡、けざけざと見えて、いとてづつに見ゆるが常なるを、この物語は、すでに〈藤《ふぢ》の末葉《うらば》〉の巻にその栄えの極みを書き終へて、また〈若菜《わかな》〉の巻よりその応報《むくい》の事どもを書き出で、ここに至りてその終りをつつみ省かれたるからに、いささかも作り事めきたることなく、まことにありし事のごとおぼえて、いひしらぬ味はひあり。また旧説にもいはれたるやうに、このかくれ給へる事を書き出でんには、ここにもかしこにも、同じやうなる嘆きのさまを、書きあらはさざれば事たらず。さては同じすぢの重なりて、いとわづらはしかるべきを、それをば省きて、なかなかに〈幻〉の巻一帖《でふ》に、光君の御嘆きをつくしたるなど、いともいともめでたき文章の法《のり》といふべし。見ん人、心をふかめて読み味《あぢは》ふべきものぞ。

(『源氏物語評釈』による)

(注)　1　〈雲隠〉の巻――『源氏物語』の中で、巻名のみで本文はないと言われている巻。本文中に出てくる巻の順序は次の通りである。

〈桐壺《きりつぼ》〉…〈藤《ふじ》の末葉《うらば》〉・〈若菜《わかな》（上・下）〉…〈御法《みのり》〉・〈幻《まぼろし》〉・〈雲隠《くもがくれ》〉・〈匂宮《におうのみや》〉…

2 さきざきの注ども――以前に出版された『源氏物語』の注釈書。後に出てくる「旧説」も同じ。

3 かのつたなき物――『雲隠六帖《くもがくれろくじょう》』など、後年、別人によって作られた『源氏物語』の補作。

4 作り主――『源氏物語』の作者である紫式部。

5 〈桐壺〉の巻――『源氏物語』五四帖のうちの、冒頭の巻。本文中に出てくる巻の順序は注1の通りである。

6 更衣――桐壺帝に寵愛《ちょうあい》された桐壺更衣。

7 楊貴妃のためし――唐の玄宗《げんそう》皇帝が、妃《きさき》であった楊貴妃の死後に、その魂を道士に探させたという前例。白居易の漢詩『長恨歌《ちょうごんか》』で有名。

8 まぼろし――道士。仙術の力で死者の魂を呼び戻すことができるとされた。

9 紫の上――光源氏の妻の名。

10 結構――準備。用意。

問1　傍線部(ア)〜(ウ)の解釈として最も適当なものを、次の各群の①〜⑤のうちから、それぞれ一つずつ選べ。解答番号は［1］〜［3］。

(ア)　くちをしく［1］
① 不思議で
② めったになく
③ 残念で
④ きまりわるく
⑤ 腹立たしく

(イ)　月花木草によそへて［2］
① 月や植物で装って
② 月や植物に関係づけて
③ 月や植物に目もくれず
④ 月や植物を想像して
⑤ 月や植物に負けまいとして

(ウ)　たがひなくぞおぼゆる［3］
① 間違いないと感じられる
② 同類であると感じられる
③ 類例がないと感じられる
④ 関係がないとお思いになる
⑤ 優れているとお思いになる

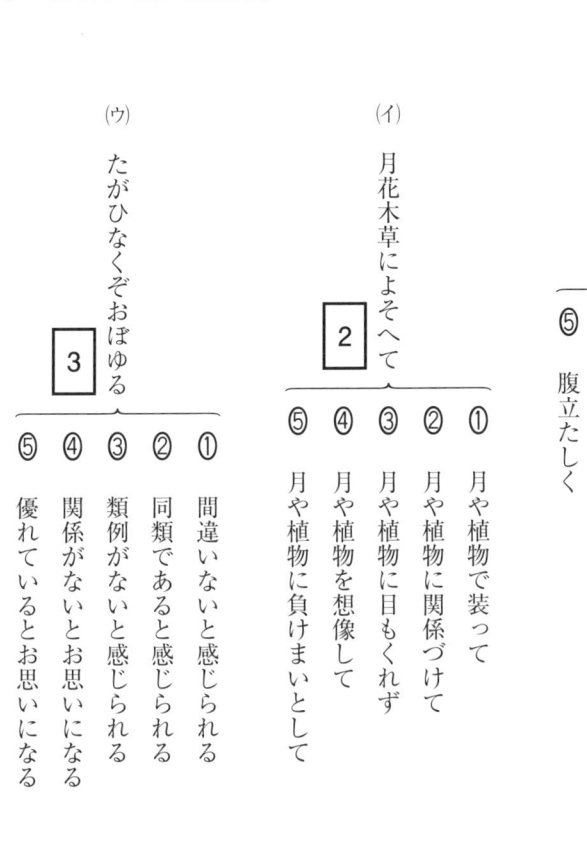

問2　傍線部A「いともいともあぢきなくかたはらいたし」とあるが、その理由として最も適当なものを、次の①～⑥のうちから一つ選べ。解答番号は 4 。

①　昔の注釈書は、『源氏物語』に仏教的思想が影響していることに気づかず、恋愛の物語としての側面だけを取り上げているから。

②　昔の注釈書は、『源氏物語』の省筆法の役割に気づかずに、表現が不足しているなどとさまざまに的外れな批判をしているから。

③　昔の注釈書は、『源氏物語』の〈雲隠〉の巻が物語の構成に果たす効果に気づかずに、その存在意義をまったく認めていないから。

④　後世に作られた『源氏物語』の補作は、省筆法や作品の世界観をまったく理解していない者によって作られた稚拙なものだから。

⑤　後世に作られた『源氏物語』の補作は、紫式部と無関係な人物が間違った昔の注釈書を参照して作ったあてにならないものだから。

⑥　後世に作られた『源氏物語』の補作は、昔の注釈書のかわりにもなっておらず、紫式部の心情もわからずに作られたものだから。

問3　和歌X～Zに関する説明として最も適当なものを、次の①～⑤のうちから一つ選べ。解答番号は 5 。

①　Xの歌の「たづねゆく」は故人の魂を探し求めていくという意味である。Zの歌は、故人の魂を探し求めているうちに時が経ってしまった後悔を表している。

② Xの歌の「もがな」は、いるはずのない道士を求める強い願いを表している。Yの歌は、その道士に亡き人の魂を探して来るよう強く呼びかけている。

③ Xの歌の「伝にても」は、人づてにでも故人に会いたいと願う気持ちの表れである。Zの歌は、故人に会えないまま日々が過ぎていくむなしさを詠んでいる。

④ Xの歌の「魂のありか」は、亡き更衣の死後の魂の居場所のことである。Yの歌は、亡き更衣の魂と夢の中でさえ会うことができないと嘆いている。

⑤ Xの歌の「そこと知るべく」は、魂のある場所がそことわかっているのに探しに行けないもどかしさを表している。Zの歌は、魂の行方もわからないと諦めている。

問４　傍線部B「これ物語の主とある人の、まづ一人かくれ給へるにて、やがて光源氏の雲がくれ給ふべき下構へなり」の説明として最も適当なものを、次の①～⑤のうちから一つ選べ。解答番号は［6］。

① 「物語の主とある人」とは、光源氏のことである。

② 「かくれ」は、「仏法に帰依して出家する」という意味である。

③ この傍線部中の「かくれ」と「雲がくれ」は異なる意味で用いられている。

④ 完了の助動詞「り」が使われている。

⑤ 推定の助動詞「なり」が使われている。

問5　傍線部C「〈桐壺〉の末を結ぶものに似たり」の説明として最も適当なものを、次の①～⑤のうちから一つ選べ。
解答番号は［7］。

①　〈桐壺〉の巻の歌で帝の死が描かれないのと同様に、〈幻〉の巻でも紫の上の死は直接には描かれず、「まぼろし」の語を含む和歌で暗示される。それはこの先でも、光源氏の死がはっきりとは描かれないだろうということを読者に示す効果がある。

②　帝が「たづねゆく」の歌で更衣の死の悲しみを詠んだ場合とは違い、光源氏の「大空を」の歌は紫の上の死を穏やかに受け入れる気持ちを詠んでいる。この違いは、〈桐壺〉の巻で始まった悲しみが〈幻〉の巻で終わったことを示す効果がある。

③　光源氏の「大空を」の歌で「まぼろし」の語を使っているのは、帝の「たづねゆく」の歌に呼応させたものである。この「まぼろし」の語を巻名に付けたことは、〈桐壺〉の巻から始まった一連の物語が〈幻〉の巻で終結することを示す効果がある。

④　帝が「たづねゆく」の歌を詠んだ直後から光源氏の栄華が描かれるが、光源氏が「大空を」の歌を詠んだ直後からは因果応報で苦悩する場面が続く。これは、〈桐壺〉の巻から始まる栄華が〈幻〉の巻での苦悩の原因であることを示す効果がある。

⑤　更衣の死の悲しみを楊貴妃の死に重ねて詠んだ帝の「たづねゆく」の歌に応えて、光源氏は空を飛ぶ雁に着想を得て紫の上の死の悲しみを「大空を」の歌に詠んだ。これは、〈桐壺〉の巻の楊貴妃と〈幻〉の巻の雁が一対であることを示す効果がある。

問6　本文の内容に**合致しないもの**を、次の①〜⑤のうちから一つ選べ。解答番号は 8 。

① 紫の上との日々を追憶して過ごす光源氏を描いた〈幻〉の巻で光源氏に関する物語を終わらせ、その後は子孫の物語を描く『源氏物語』の構成は深い余情を感じさせる。

② 物語の最終部分で主人公が栄華を極めて大団円となる作品が多いが、『源氏物語』はその手法をとっていない点が特徴的であり、世界中のどの物語とも異なっている。

③ 『源氏物語』は、主人公の成功を描くだけにとどまらず、晩年に因果応報による出来事が起きるという過程に現実味があり、虚構とは思えずに読者が共感できる。

④ 『源氏物語』では省筆法により光源氏の死の場面は出てこないが、そのかわりに光源氏の死を悼む人々をその後の巻に幾度も描くことで悲しみを表現している。

⑤ 紫の上の死を描いた後に、巻名だけの〈雲隠〉の巻が配置されている『源氏物語』の構成は、その間の光源氏の動向や死について読者に想像させる働きがある。

第10問 『古事談』『中外抄』『影と花 説話の径を』

解答・解説63ページ

次の【文章Ⅰ】と【文章Ⅱ】は、それぞれ『古事談《こじだん》』と『中外抄《ちゅうがいしょう》』の一話であり、また、【文章Ⅲ】は、それらに関する文章の一部である。【文章Ⅰ】～【文章Ⅲ】を読んで、後の問い（問1～6）に答えよ。（配点 50）

【文章Ⅰ】

仏師(注1)定朝《ぢやうてう》の弟子(注2)覚助《かくじよ》をば義絶して、家の中へも入れざりけり。しかれども母に謁《えつ》せむがために、定朝、他行のひまなどには、密密に来たりけり。定朝、(注3)左近府《さこんふ》に(注4)陵王《りようわう》の面打ち奉るべき由、仰《おほ》せ下さるるによりて、(ア)至心に打ち出だして、愛して(注5)褻居《けゐ》の前なる柱に懸けて置きたりけるを、父、他行のひまに覚助来たりけるに、この面を取り下ろして見て、「(イ)あな心う。この定《じやう》にて(ウ)奉られたらましかば、あさましからまし」とて、腰刀を抜きてむずむずとけづり直して、もとのごとく柱に懸けて、退き帰りをはんぬ。定朝、帰り来たりてこの面を見ていはく、「このしれ者、来たり入《い》りたりけりな。不孝の者、他行の間なりといへども、入り居る事、奇怪なる事なり。この陵王の面作り直してけり。ただしかなしく直されにけり」とて、勘当をゆるさしむと云々。

（注）
1 定朝――平安時代中期を代表する仏師。
2 弟子覚助――定朝の子。仏師としての弟子でもあった。
3 左近府――宮中の警護などに当たった役所。左近衛府《さこんゑふ》。
4 陵王の面――舞楽「陵王」で使う面。左近衛府の官人は、儀式で舞を舞う事が多く、そのための面が必要であった。
5 褻居――居間。

【文章Ⅱ】

法成寺《ほふじやうじ》阿弥陀堂《あみだだう》九体仏《くたいぶつ》(注1)は、宇治殿《うぢ》(注2)以下公達《きんだち》、おのおの相ひ分かれて造立《ざうりふ》せしめ了《おは》んぬ。御堂《みだう》(注3)に渡し奉らるるに、車八両にて四方に布を引き廻《まは》らして、雲など書きて、その内に仏を安《やす》んじ奉る。楽人は鼓を打ち、近衛の官人は車を引き、僧は行列す。御堂に据ゑ並べられて後、御堂(注4)の、仏師康尚《かうしやう》(注5)に仰せられて云はく、「直すべき事ありや」と。申して云はく、「A直すべき事候ふ」。麻柱《あさなひ》(注6)を構へて後、康尚云はく、「はやくまかり上れ」と云ひければ、二十《はたち》ばかりなる法師の、薄色の指貫《さしぬき》、桜の裘代《きうたい》(注7)に、裳《も》は着《ちやく》して、袈裟《けさ》は懸けざりける、槌《つち》・鑿《のみ》(注8)を持ちて金色の仏の面《おもて》をけづりけり。御堂の康尚に仰せて云はく、「彼はいかなる者ぞ」。康尚の申して云はく、「康尚の弟子、定朝なり」と。Bその後、おぼしつきて世の一物《いちもつ》になりたり。

(注)
1　法成寺阿弥陀堂九体仏――法成寺は、現在の京都市左京区にあった寺。一〇二二年、藤原道長《みちなが》の建立。道長はここに阿弥陀堂を建立し、九体の阿弥陀仏を安置させた。
2　宇治殿――藤原頼通《よりみち》。藤原道長の子。
3　御堂――法成寺阿弥陀堂。
4　御堂――藤原道長。太政大臣。法成寺を建立して、そこに住んだことから「御堂」と呼ばれる。以下の「御堂」も道長のこと。
5　康尚――平安時代中期の仏師。定朝の父。
6　麻柱――工事用の足場。
7　裘代――僧服の一種。後の「裳」「袈裟」も僧服の種類。
8　槌・鑿――彫刻に使う工具。

【文章Ⅲ】

『中外抄』『古事談』二つの、定朝の話を結びつける、そうすることによって説話というものに、参加してみること——説話に作者となってみることも面白いであろう。それも説話の、一つの読み方であろう。
説話として言う——。

『中外抄』の康尚は、自分の作った像の不備を自ら言い立てて定朝に直させた。それは子を、その技倆《ぎりょう》を以《もっ》て道長の権力に推挙することであった。そして定朝の振舞《ふるまい》には、大宮人や楽人・近衛官人・僧たちの面前にあって臆するところなく、大仏師の造像に遠慮することもなかった。『古事談』の覚助は腰刀を抜いて定朝の面を、「むずむずと」削った。この語は、何にも遠慮・顧慮することのない、意志的に強い行為にいう副詞である。

『古事談』の定朝は、陵王面に刀を入れた覚助に、昔、法成寺阿弥陀堂九体仏の金色の仏面に鑿を入れた自分を想起して重ねた、そして、だからこそ、C定朝は覚助を容《い》れた。これはそういう説話である。

まだ若い覚助が定朝に技能的に優越していたというような話ではない。勿論、覚助の技能が凡庸であったりすれば説話自体が成り立たないが、技倆の客観的な優劣などは、Dこの説話のテーマではない。いうならば覚助の若い覇気を、父としてよろこんで定朝が聴《ゆる》した、そういう話である。『古事談』の話それ自体において既にそうなのだが、『中外抄』の話と一つにして試みる説話化は、聴すことを、昔の自分に重ねることにおいて定朝がなした、と、理由づけることになる。定朝は、昔の定朝を覚助に重ねるとともに、そうすることによって、今の定朝をあのときの父・康尚に重ねることになった。

覚助はそのときまで、勘当されていたと設定されている。勘当とは、系譜を名乗ることと、財産を相続する権利とを失うことである。後者、財産にかかわることはいま、どうでもよい。勘当の理由——系譜を名乗ることを定朝から禁ぜられた理由は、語られておらず、具体的に何であったかは知らず、けれどもやはり、造仏のことにかかわって覚助の若い覇気が犯した何かであろう。という想定も同じ、E読むことの説話化のうちに属する。

若い覇気によって蒙《こうむ》った勘当が、いま、その行為の覇気によって、覚助は許された。説話化のなか、定朝は自分の若かった覇気を想い起こすことにあって、覚助の勘当を許した。よろこんで子を容れた。

説話集には、父と子とめぐる話が屢々《しばしば》語られている。武者としての意地や武芸における父子、文芸・芸能における父子、術道・技能における父子、そしてことさらな要所をもたぬ日常普通における父子。それらを通じて、父が子を容れる、容れることのよろこびを語る話は、その一つのタイプであった。

（川端善明《かわばたよしあき》『影と花　説話の径を』による）

問1　傍線部(ア)〜(ウ)の解釈として最も適当なものを、次の各群の①〜⑤のうちから、それぞれ一つずつ選べ。解答番号は 1 〜 3 。

(ア)　至心に　1

① 真心を込めて
② 無心になって
③ 得意になって
④ 苦心して
⑤ 緊張して

(イ)　あな心う　2

① よし、わかったぞ
② おい、気をつけろ
③ なんと、情趣の深いことよ
④ ええい、ままよ
⑤ ああ、情けないことよ

(ウ)　奉られたらましかば　3

① 仏師と名乗ったならば
② 献上なさったならば
③ 舞いなさったならば
④ 直さずにいたならば
⑤ いらっしゃったならば

問2　傍線部A「直すべき事候ふ」と言った康尚の心情を、【文章Ⅲ】の筆者はどう考えているか。その説明として最も適当なものを、次の①～⑤のうちから一つ選べ。解答番号は 4 。

① 仏の出来映えを見て不満に思ったが、息子の定朝がわざと仕組んだことだと見抜き、その対処を定朝がどうするのかと内心楽しみに思っている。

② 仏の出来映えを見て最後の仕上げが必要だと思い、息子の定朝にその役目を託すことで、皆に定朝の腕前を見せる良い機会だと思っている。

③ 仏の出来映えを見て不十分だと思い、息子の定朝の未熟な仕事に落胆しながらも、自分で直させることで名誉を回復させようと思っている。

④ 仏の出来映えを見てこのままでは納得できないと思い、この程度の彫刻しか施せなかった自分の恥を息子の定朝にそそいでほしいと思っている。

⑤ 仏の出来映えを見て自分でもまずまずだとは思ったが、息子の定朝に聞いて新しい感性を取り入れた方がより良いものができあがると思っている。

問3　傍線部B「その後、おぼしつきて世の一物になりたり」とあるが、その説明として最も適当なものを、次の①～⑤のうちから一つ選べ。解答番号は 5 。

① 仏の造営という晴れの場所で登用されたことで、仏師として無名だった定朝の評判は今後、上がっていくに違いないということ。

② 藤原道長が仏のどこに不満を抱いているかを見抜いた定朝が、すぐにそこを直したことで、定朝の判断力が道長に認められたこと。

③ 藤原道長の前でもいつもどおりに集中して仏を仕上げたことで、権力におもねらない定朝の評判が世間で上がったということ。

④ 皆の面前で見事に仏の仕上げをしたことで、定朝が仏師として名を上げて、この場を整えた父の康尚の面目を施したということ。

⑤ 重要な場面でひるまずに仏の仕上げをしたことで、藤原道長が定朝を気に入ったので、定朝が仏師として名を上げたということ。

問4　傍線部C「定朝は覚助を容れた」とあるが、それは【文章Ⅰ】のどの部分に表れているか。最も適当なものを、次の①～⑤のうちから一つ選べ。解答番号は 6 。

① 家の中へも入れざりけり
② むずむずとけづり直して
③ もとのごとく柱に懸けて
④ 入り居る事、奇怪なる事なり
⑤ ただしかなしく直されにけり

問5　傍線部**D**「この説話のテーマ」とあるが、**【文章Ⅲ】**の筆者の考えによると、この説話は何を中心に描かれているか。最も適当なものを、次の①～⑤のうちから一つ選べ。解答番号は 7 。

① 父の作品であっても意に介さずに修正を加える息子覚助の妥協のない態度に、若い頃、権力者にはむかった自分を思い出すとともに、息子に仏師としての天賦を見出す定朝の心情を中心としている。

② 父の作品に息子覚助が手を加えたことで怒っていたが、自分も昔父に同じことをして許されたのを思い出し、父康尚の寛大さに気づき、自分も息子を許そうとする定朝の心情を中心としている。

③ 身勝手な息子覚助の行動に腹を立てて勘当しながらも、こっそりと家に入って面を削り直すことを黙認するなど、息子の個性を受け入れて伸ばしてやろうとする定朝の心情を中心としている。

④ その昔、法成寺阿弥陀堂の仏を作った際に自分が父康尚の作品を臆することなく直したように、自分の作品に遠慮会釈なく手直しをした息子覚助を頼もしく見守る定朝の心情を中心としている。

⑤ 自分より優れた技倆を持つ息子覚助の才能に恐れをなしたり、若い息子の勢いの前に自分の老いを感じて寂しくなったりしながらも、息子を愛さずにいられない定朝の心情を中心としている。

問6　傍線部E「読むことの説話化」とあるが、どういうことか。その説明として最も適当なものを、次の①～⑤のうちから一つ選べ。解答番号は 8 。

① 直接の関連が明示されていない『古事談』と『中外抄』の逸話の二つを結びつけて、陵王の面や九体仏に着眼して、単なる木工技術者ではない仏師の精神性の根源を推測してみること。

② 直接の関連が明示されていない『古事談』と『中外抄』の逸話の二つを結びつけて、父を乗り越える息子を認めるという共通点に着眼して、父子の一つのありかたの典型を推測してみること。

③ 直接の関連が明示されていない『古事談』と『中外抄』の逸話の二つを結びつけて、覚助の母親や藤原道長の存在に着眼して、父子の和解の場における仲介者の重要性を推測してみること。

④ 直接の関連が明示されていない『古事談』と『中外抄』の逸話の二つを結びつけて、祖父康尚と孫覚助の芸術家としての共通点に着眼して、脈々と流れる仏師の系譜を推測してみること。

⑤ 直接の関連が明示されていない『古事談』と『中外抄』の逸話の二つを結びつけて、確執のあった子を許す父という共通点に着眼して、仏師にも普通の父子と同じ日常があると推測してみること。

*練習用マークシート

	第3問								
	解答欄								
	1	2	3	4	5	6	7	8	9
1	①	②	③	④	⑤	⑥	⑦	⑧	⑨
2	①	②	③	④	⑤	⑥	⑦	⑧	⑨
3	①	②	③	④	⑤	⑥	⑦	⑧	⑨
4	①	②	③	④	⑤	⑥	⑦	⑧	⑨
5	①	②	③	④	⑤	⑥	⑦	⑧	⑨
6	①	②	③	④	⑤	⑥	⑦	⑧	⑨
7	①	②	③	④	⑤	⑥	⑦	⑧	⑨
8	①	②	③	④	⑤	⑥	⑦	⑧	⑨
9	①	②	③	④	⑤	⑥	⑦	⑧	⑨
10	①	②	③	④	⑤	⑥	⑦	⑧	⑨

	第4問								
	解答欄								
	1	2	3	4	5	6	7	8	9
1	①	②	③	④	⑤	⑥	⑦	⑧	⑨
2	①	②	③	④	⑤	⑥	⑦	⑧	⑨
3	①	②	③	④	⑤	⑥	⑦	⑧	⑨
4	①	②	③	④	⑤	⑥	⑦	⑧	⑨
5	①	②	③	④	⑤	⑥	⑦	⑧	⑨
6	①	②	③	④	⑤	⑥	⑦	⑧	⑨
7	①	②	③	④	⑤	⑥	⑦	⑧	⑨
8	①	②	③	④	⑤	⑥	⑦	⑧	⑨
9	①	②	③	④	⑤	⑥	⑦	⑧	⑨
10	①	②	③	④	⑤	⑥	⑦	⑧	⑨

	第5問								
	解答欄								
	1	2	3	4	5	6	7	8	9
1	①	②	③	④	⑤	⑥	⑦	⑧	⑨
2	①	②	③	④	⑤	⑥	⑦	⑧	⑨
3	①	②	③	④	⑤	⑥	⑦	⑧	⑨
4	①	②	③	④	⑤	⑥	⑦	⑧	⑨
5	①	②	③	④	⑤	⑥	⑦	⑧	⑨
6	①	②	③	④	⑤	⑥	⑦	⑧	⑨
7	①	②	③	④	⑤	⑥	⑦	⑧	⑨
8	①	②	③	④	⑤	⑥	⑦	⑧	⑨
9	①	②	③	④	⑤	⑥	⑦	⑧	⑨
10	①	②	③	④	⑤	⑥	⑦	⑧	⑨

	第8問								
	解答欄								
	1	2	3	4	5	6	7	8	9
1	①	②	③	④	⑤	⑥	⑦	⑧	⑨
2	①	②	③	④	⑤	⑥	⑦	⑧	⑨
3	①	②	③	④	⑤	⑥	⑦	⑧	⑨
4	①	②	③	④	⑤	⑥	⑦	⑧	⑨
5	①	②	③	④	⑤	⑥	⑦	⑧	⑨
6	①	②	③	④	⑤	⑥	⑦	⑧	⑨
7	①	②	③	④	⑤	⑥	⑦	⑧	⑨
8	①	②	③	④	⑤	⑥	⑦	⑧	⑨
9	①	②	③	④	⑤	⑥	⑦	⑧	⑨
10	①	②	③	④	⑤	⑥	⑦	⑧	⑨

	第9問								
	解答欄								
	1	2	3	4	5	6	7	8	9
1	①	②	③	④	⑤	⑥	⑦	⑧	⑨
2	①	②	③	④	⑤	⑥	⑦	⑧	⑨
3	①	②	③	④	⑤	⑥	⑦	⑧	⑨
4	①	②	③	④	⑤	⑥	⑦	⑧	⑨
5	①	②	③	④	⑤	⑥	⑦	⑧	⑨
6	①	②	③	④	⑤	⑥	⑦	⑧	⑨
7	①	②	③	④	⑤	⑥	⑦	⑧	⑨
8	①	②	③	④	⑤	⑥	⑦	⑧	⑨
9	①	②	③	④	⑤	⑥	⑦	⑧	⑨
10	①	②	③	④	⑤	⑥	⑦	⑧	⑨

	第10問								
	解答欄								
	1	2	3	4	5	6	7	8	9
1	①	②	③	④	⑤	⑥	⑦	⑧	⑨
2	①	②	③	④	⑤	⑥	⑦	⑧	⑨
3	①	②	③	④	⑤	⑥	⑦	⑧	⑨
4	①	②	③	④	⑤	⑥	⑦	⑧	⑨
5	①	②	③	④	⑤	⑥	⑦	⑧	⑨
6	①	②	③	④	⑤	⑥	⑦	⑧	⑨
7	①	②	③	④	⑤	⑥	⑦	⑧	⑨
8	①	②	③	④	⑤	⑥	⑦	⑧	⑨
9	①	②	③	④	⑤	⑥	⑦	⑧	⑨
10	①	②	③	④	⑤	⑥	⑦	⑧	⑨

マーク例

良い例	悪い例

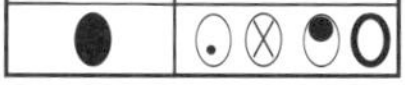

注意事項

1 訂正は、消しゴムできれいに消し、消しくずを残してはいけません。

2 所定欄以外にはマークしたり、記入したりしてはいけません。

3 汚したり、折りまげたりしてはいけません。

第 1 問

解答欄

	1	2	3	4	5	6	7	8	9
1	①	②	③	④	⑤	⑥	⑦	⑧	⑨
2	①	②	③	④	⑤	⑥	⑦	⑧	⑨
3	①	②	③	④	⑤	⑥	⑦	⑧	⑨
4	①	②	③	④	⑤	⑥	⑦	⑧	⑨
5	①	②	③	④	⑤	⑥	⑦	⑧	⑨
6	①	②	③	④	⑤	⑥	⑦	⑧	⑨
7	①	②	③	④	⑤	⑥	⑦	⑧	⑨
8	①	②	③	④	⑤	⑥	⑦	⑧	⑨
9	①	②	③	④	⑤	⑥	⑦	⑧	⑨
10	①	②	③	④	⑤	⑥	⑦	⑧	⑨

第 2 問

解答欄

	1	2	3	4	5	6	7	8	9
1	①	②	③	④	⑤	⑥	⑦	⑧	⑨
2	①	②	③	④	⑤	⑥	⑦	⑧	⑨
3	①	②	③	④	⑤	⑥	⑦	⑧	⑨
4	①	②	③	④	⑤	⑥	⑦	⑧	⑨
5	①	②	③	④	⑤	⑥	⑦	⑧	⑨
6	①	②	③	④	⑤	⑥	⑦	⑧	⑨
7	①	②	③	④	⑤	⑥	⑦	⑧	⑨
8	①	②	③	④	⑤	⑥	⑦	⑧	⑨
9	①	②	③	④	⑤	⑥	⑦	⑧	⑨
10	①	②	③	④	⑤	⑥	⑦	⑧	⑨

第 6 問

解答欄

	1	2	3	4	5	6	7	8	9
1	①	②	③	④	⑤	⑥	⑦	⑧	⑨
2	①	②	③	④	⑤	⑥	⑦	⑧	⑨
3	①	②	③	④	⑤	⑥	⑦	⑧	⑨
4	①	②	③	④	⑤	⑥	⑦	⑧	⑨
5	①	②	③	④	⑤	⑥	⑦	⑧	⑨
6	①	②	③	④	⑤	⑥	⑦	⑧	⑨
7	①	②	③	④	⑤	⑥	⑦	⑧	⑨
8	①	②	③	④	⑤	⑥	⑦	⑧	⑨
9	①	②	③	④	⑤	⑥	⑦	⑧	⑨
10	①	②	③	④	⑤	⑥	⑦	⑧	⑨

第 7 問

解答欄

	1	2	3	4	5	6	7	8	9
1	①	②	③	④	⑤	⑥	⑦	⑧	⑨
2	①	②	③	④	⑤	⑥	⑦	⑧	⑨
3	①	②	③	④	⑤	⑥	⑦	⑧	⑨
4	①	②	③	④	⑤	⑥	⑦	⑧	⑨
5	①	②	③	④	⑤	⑥	⑦	⑧	⑨
6	①	②	③	④	⑤	⑥	⑦	⑧	⑨
7	①	②	③	④	⑤	⑥	⑦	⑧	⑨
8	①	②	③	④	⑤	⑥	⑦	⑧	⑨
9	①	②	③	④	⑤	⑥	⑦	⑧	⑨
10	①	②	③	④	⑤	⑥	⑦	⑧	⑨

短《たん》期《き》攻略《こうりゃく》 大学入学《だいがくにゅうがく》 共通《きょうつう》テスト 古《こ》文《ぶん》

著　者　菅《かん》野《の》三《み》恵《え》
　　　　柳《やなぎ》田《だ》縁《ゆかり》
発行者　山崎良子
印刷・製本　株式会社日本制作センター

発行所　駿台文庫株式会社
〒101－0062　東京都千代田区神田駿河台1－7－4
小畑ビル内
TEL. 編集 03(5259)3302
販売 03(5259)3301
《⑤－164pp.》

ISBN978－4－7961－2340－2　Printed in Japan

駿台文庫 Web サイト
https://www.sundaibunko.jp

イラスト：竹内美奈子

駿台受験シリーズ

短期攻略

大学入学共通テスト

古文

菅野三恵・柳田　縁　共著

解答・解説編

駿台文庫

目次

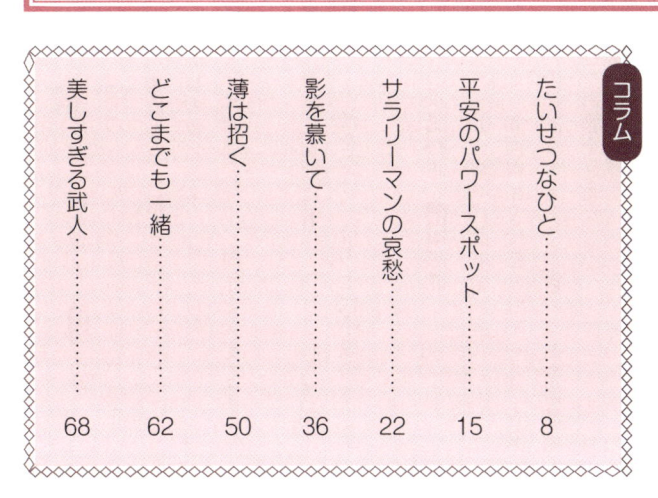

コラム

第1問

『本朝美人鑑』

解答

設問	配点	解答番号	正解	自己採点欄
1	各5点	1	②	
		2	④	
		3	①	
2	7点	4	②	
3	6点	5	④	
4	6点	6	④	
5	8点	7	②	
6	8点	8	④	
合計				点

訳例

吉野の内裏にお仕え申し上げている弁内侍《べんのないし》といった人は、後《ご》醍醐《だいご》天皇の忠臣の、右少弁《うしょうべん》俊基《としもと》朝臣の娘である。（後醍醐）天皇が、吉野へお移りになった頃、お呼び立てになって連れてお行きになり、その昔、父の朝臣が、天皇のために身を滅ぼしたことなどを、たいそう殊勝だとお思いになり、お忘れにならないので、「せめてその人の身代わり」などと手厚くお言葉をおかけになった。この内侍は、生まれつきの性質、容貌、心の持ちようがこの世に比類がなく、漢詩文の道に不案内でなくて、和歌の名人である。あれこれ備わっている女性なので、（後村上）天皇もまた大切にし申し上げなさる。

ある年、師直《もろなお》が、皇居を襲った頃、わずかにこの内侍の整った容貌を伝え聞き、いつの間にか重い恋の悩みとなった。これによって、京から来ている人を説得し、あの内侍の縁者である人のところへ、「何でも領地などを差し上げましょう。恐れ入

出典

『本朝美人鑑《ほんちょうびじんかがみ》』 江戸時代中期の仮名草子 作者 未詳

古典文学で有名な三十六人の女性の逸話を集め、後代の女性たちに対して「素直ならん鑑《かがみ》ともなれかし」という目的で書かれた教訓物の仮名草子。『日本書紀』をはじめとする過去の古典文学に発想を得て、創作を交えて理想の女性像を描く。

仮名草子とは、江戸時代初期に著作・刊行された散文作品で、中世の御伽草子《おとぎぞうし》の後を受け、後の近代小説のさきがけとなった。

『太平記《たいへいき》』 室町時代の軍記物語 作者 未詳

後醍醐天皇の即位から南北朝の争乱を経て室町時代に至る約五十年間の動向が、和漢混淆文《こんこうぶん》で描かれている。合戦の記事に加え、武将の逸話なども多く、後の謡曲や浄瑠璃などの文芸にも大きな影響を与えた。

りますが、住吉神社参詣にかこつけ、こっそりとこの内侍をだまして誘い出してくださいよ」などと、たいそう心を込めて伝えた。元来、この師直は威勢（があること）はもちろん、正気ではないほどの好色者で十分に裕福なので、ちょっとした仲介者にも小袖を与え、金銀を贈ったので、言うことを聞かない者はなく、思いを遂げないことがない。だから、この内侍への仲介者にもどれほどの賄賂を贈っていたのだろうか、とうとう（仲介者は弁内侍を）だまして住吉神社に参詣させた。（師直は）その道中の山陰で、師直の配下の者を、大勢隠しておいて、簡単にこの人を奪い取った。そして、武士たちが大勢輿《こし》の周りを囲み、足を速めて行った。内侍はこのようにだまされて捕らわれているとは夢にもおわかりにならないので、「ああ恐ろしいなあ。これはそもそもどのようなことか」と困惑し驚き、涙にくれてうつむいていらっしゃった。

　こうして道中を二里ほども過ぎた頃、楠正行《くすのきまさつら》が、吉野殿から（後村上天皇が）お呼びになるということで、本国の河内から（吉野の）皇居の方へ向かっていたが、幸いにもこの道を通る時に、不審な輿に行き遭った。正行は立ち止まり、従者を使って「これはどのような人がお通りになるのであるか」と尋ねさせたところ、「不都合のないお方である。お忍びの寺詣ででいらっしゃる」などと偽名を言って返答するので、正行も不審だとはいえ「そうであるのだろう」と思ってすれ違おうとする時に、輿の中の人が泣き叫ぶ声が聞こえたので、ますます不審に思って輿の（簾《すだれ》の）隙間から覗《のぞ》いて見たところ、弁内侍である。「それではこの人をだまして連れ出しているのであろう」と、穏やかでなく思われ、無理矢理その輿を奪い返し、「おまえたちは何者であるから、このようにはするのか。ありのままに白状せよ」と言う間はまだしも、太刀を抜き、切って回るので、敵もしばらくは対応したけれども、とうとう追い散らされ、行方もわからずいなくなった。

　正行は、そのまま内侍を引き連れ吉野の御所へ参上して、こうと天皇に申し上げたところ、天皇は、この上なくお喜びになり、すぐにこの弁内侍を正行にお与えになるつもりだということで、天皇の仰せが度重なる。正行はこのことへの御承諾については何とも申し上げずに、一首の歌を献上した。

　どうにもこうにもこの世で長生きするはずもない私が、かりそめの夫婦の契りをどうして結ぶことができるだろうか、いやできない。

と申し上げて、とうとう辞退し申し上げた。その後間もなく、正行は、河内国四条畷《しじょうなわて》で大軍の敵とも対戦し、比類ない働きをして天皇のために討ち死にしたことによって、（人々は）初めてこの歌の意味を考え合わせずにいられなくて、たいそうしみじみ心打たれることだと皆で申しました。

＊問6『太平記』

正行は、頭を地につけて、あれこれの天皇のお言葉への返事もできない。ただこれを最後の天皇とのお目見えであると、心を決めて退出する。正行・正時・和田新発意《しんぼち》・舎弟新兵衛《しんべえ》・同紀六左衛門《きのろくざえもん》の子息二人・野田四郎の子息二人・楠将監《しょうげん》・西河の子息・関地良円《せきぢりょうえん》以下、今回の合戦で一足も引かず、同じ場所で討ち死にしようと約束していた武士百四十三人が、先帝のお墓に参拝して、今回の合戦（で勝利を収めること）が難しいならば、討ち死にし申し上げるつもりだという別れの挨拶を申し上げて、如意輪堂の壁板にそれぞれ姓名を過去帳として書き連ねて、その奥に、

（生きて）戻るつもりはないと以前から思っているので、
　武士として死んだ者の数に入る名を留める。

と一首の歌を書き留め、死後の冥福を祈る仏事（に代わるもの）のためと思われる様子で、それぞれ鬢髪《びんはつ》を切って仏堂に投げ入れ、その日、吉野を出て、敵陣へと向かった。

解説

問1

(ア)　**正解＝②**

「かしこし」は、**崇高なものを恐れ多く感じる意がもとで、性質や能力がすばらしい様子や、度合いの強調を表す意でも用いられるようになった形容詞**である。

意味や訳し方が一つとは限らない形容詞や形容動詞などは、文章の中で何のどのような様子を表しているのかを考えて解釈する必要がある。

ここでは、日野俊基が後醍醐天皇のために身を滅ぼしたことについて、後醍醐天皇が「いとかしこく」思ったという文脈なので、「殊勝だ・けなげだ」という解釈が当てはまる。

(イ)　**正解＝④**

「参らせ」の解釈がポイント。「参らす」は、「行く」の謙譲語「参る」＋使役の助動詞「す」で「参上させる」の意と、「与ふ」の謙譲語「参らす」で「差し上げる」の意の二通りの可能性がある。ここでは、「領地など」を「参らせ」と言っているので、「与ふ」の謙譲語として「差し上げる」と解釈するのが適切。「侍るべし」は、丁寧語補助動詞「侍り」＋意志の助動詞「べし」で、すべての選択肢で「ましょう」と正しく解釈されている。

(ウ) **正解＝①**

「やすし」は穏やかな様子を表す形容詞。「やすからず」は、女性が誘拐されていることに気付いた正行が、見過ごすことができない不穏な事態だと感じたということである。

問2 正解＝②

本文に傍線を付さない形で、設問文に指示された内容の理解を求める問題。

このタイプの問題は、読み取るべき内容が本文のどこに書かれているかを適切に見出し、選択肢と照らし合わせて吟味していく、という手順で対応する。

実質的には、該当部分についての内容合致問題と考えればよい。

師直が弁内侍を誘い出した事件の経緯は、第二・第三段落に書かれている。

① 「相談したところ、…助言を受けた」が間違い。師直は、京から来ている人を介して、弁内侍の縁者に、住吉詣でにかこつけて弁内侍を誘い出すように依頼したのである。

② 9〜10行目の内容に合致している。6行目の「何となく領地など参らせ侍るべし」は、「何でも領地などを差し上げましょう」と、仲介者に賄賂を贈ることを申し出た言葉。その後の7行目「もとより、」以降は、師直が裕福で、普段からちょっとした仲介者も賄賂によって従わせていたということと、今回も内侍への仲介者に相当の賄賂を贈ったために、仲介者は弁内侍をだまして住吉詣でをさせたと書かれている。これが正解。

③ 「師直の愛情を仲介者から聞かされた弁内侍もまた師直を憎からず思った」が間違い。弁内侍は師直のことをまったく知らされていない。

④ 「弁内侍を連れ去るのは容易だと」以降、すべてが間違い。10〜11行目「やすやすと…足を早めて行きける」は、師直の手下の者たちが、簡単に弁内侍の身柄を奪い、弁内侍の輿を取り囲んで道を急いだということである。

⑤ 「師直が弁内侍の輿に乗り込んできた」と「師直にすがって」が間違い。師直は弁内侍の誘拐を手下に行わせ、自分はその場にはいなかった。

問3 正解＝④

傍線部Aを現代語訳すると「人を使って『これはどのような人がお通りになるのであるか』と尋ねさせたので」となる。主語は正行で、「人をもて」の「人」は正行の従者、「〜をもて（以て）」は「〜によって・〜を使って」の意。正行は、「あやしき輿」に行き遭って不審に思い、傍線部Aのようにしたという文脈で、「これ」は「あやしき輿」を指す。「誰人の通り給ふにや」は輿に乗っている人は誰なのかと問いかけた言葉で、尊敬語補助動詞の「給ふ」は輿に乗っている人への敬意を示している。「に」は、連体形「給ふ」に接続し、「である」という訳が当てはまるので、断定の助動詞「なり」の連用形。これを「完了の助動詞」としている④が間違っている。「問はせければ」の「せ」は使役の助動詞「す」で、正行が従者に事情を尋ねさせたという意味である。

問4　正解＝④

傍線部Bの現代語訳は「そうであるのだろう」である。「さ」は指示副詞。「こそ」は強調の係助詞。「らめ」は現在推量の助動詞「らむ」で、係助詞「こそ」の結びで已然形になっている。「さ」は、輿に乗っているのは誰かという正行の問いかけに対して、輿に付き添っている者たちが、「苦しからぬ御方なり。忍びの物詣でまします」と答えたことを指している。「乗っているのは不都合に思う必要もないお方で、お忍びで寺社詣でをする用事がおありになる」という返答を、正行は不審に思いながらも信用して、咎《とが》めもなくすれ違おうとしたということである。この内容を適切に説明したものとして、正解は④。

登場人物の心情説明問題は、その人物の状況・気持ち・行動を正しく読み取ることが求められている。本文に書かれていることでも、その人物が認識していないことなどを当人の心情と混同しないように注意しよう。

---

①の「偽りの名」、②の「本当は弁内侍」、③の「師直が差し向けた」は、この話の事実関係としては正しいが、傍線部Bの時点で正行がそうとは認識していない。師直が弁内侍を誘拐しようとしたことと、正行が吉野へ向かっていたこととはまったく関係がないので、③の「正行が吉野へ向かうのを防ぐために密かに待ち受けていた」は明らかに間違い。⑤の「粗末な様子」や「身分が低い人物」は、14行目の「あやしき輿」の「あやし」の解釈を誤っている上に、「神仏からも見放されている」は本文にまったく記述がない。

問5　正解＝②

それぞれの人物について述べられている部分を探し、選択肢に照らして判断していこう。

① 「日野俊基は」「…と思ってほしいと弁内侍に伝えていた」が間違い。3行目の「『せめてそれが形見』などねんごろに仰せ下されける」は、後醍醐天皇が、弁内侍のことを日野俊基の身代わりのように思い、手厚く言葉をかけて大切にしていたということである。

② 3～4行目の「この内侍、天性かたち心ざま世に類ひなく、…帝もまたいたはり聞こえさせ給ふ」に合致しているので、これが正解。

③ 「会った」と「一目惚《ぼ》れをし」が間違い。5行目に「伝

へ聞き」とあるように、師直は弁内侍の姿を見たのではなく、人から聞いて恋に落ちたのである。

④「武士たちは」「太刀を振り回した」が間違い。18行目の「太刀を抜き、切つてまはれば」は正行の行動である。

⑤「和歌を詠むように命じた」が間違い。22行目の「とても世に…」の和歌は、正行が自ら詠んだもので、天皇が正行に和歌を詠むことを命じたのではない。

問6　正解＝④

本文に関連する別の文章も交えながら、対話形式で考察する様子が示される問題。本文に加え、新たに提示される古文の読み取りも求められるので、時間配分にも注意が必要である。選択肢は、解釈問題や説明問題と同じように内容を見極めて冷静に対処しよう。

本文の二重傍線部の和歌「とても世に…」は、正行が、弁内侍を与えようという後村上天皇の仰せを辞退するために詠んだもので、現代語訳は、「どうにもこうにもこの世で長生きするはずもない私が、かりそめの夫婦の契りをどうして結ぶことができるだろうか、いやできない」である。「世にながらふべくもあらぬ身」は、自分はこの世で生き長らえるはずがない者だということ。「契り」は夫婦の契りのことで、「仮の契り」を「結ぶ」は、はかない現世で弁内侍を妻とすることを言ったもの。「いかで〜む」は、「どうして〜ことができるだろうか、いや、〜ない」と反語を表し、要するに弁内侍を妻にすることはできないということを言っている。

設問で示されている『太平記』の一節は、死を覚悟して四条畷の戦いに臨む前の正行の様子が描かれた場面で、「かへらじと…」の和歌の現代語訳は、「戻るつもりはないと以前から思っているので、武士として死んだ者の数に入る名を留める」である。「かへらじと」の「じ」は打消意志の助動詞、「かねて」は「以前から・あらかじめ」の意の副詞で、「かへらじとかねて思へば」は、合戦で死ぬ覚悟を前から決めていたということ。「梓弓《あずさゆみ》」は、「いる」（「射る」）を導く枕詞であると同時に、弓を持って戦う武士の意も象徴的に表している。「なき数にいる（入る）名をぞとどむる」は、死者の一員として名を残し、後世に伝えられるように、死を覚悟して合戦に臨む意志が詠まれている。この和歌の「かねて思へば」は、本文の二重傍線部の和歌の「とても世にながらふべくもあらぬ身」に対応していて、自分はゆくゆく合戦で死ぬ身であると思い定めて弁内侍との結婚を辞退した正行が、実際に四条畷の合戦での死を前にして「かへらじと…」の和歌を詠んだというつながりになっている。

①は、本文の二重傍線部の和歌の「この世に生きている限りは天皇以外の主君に仕えるつもりはない」という解釈と、「正行を天皇が深く悼んだ」が間違っている。本文最後の「は

じめて…申しあひける」は、当時の人々が、正行の死後、「とても世に…」の和歌の内容を考え合わせて正行を悼んだということである。

②は、『太平記』の和歌についての「未練がましく現世での名声に執着する自分を」「自嘲している」という説明が間違っている。

③は、本文の二重傍線部の和歌についての「臣下の者としての立場をわきまえ」という説明と、『太平記』の和歌についての「実は弁内侍に密かな恋心を抱いていたことを告白した」という解釈が間違っている。

④は、本文の二重傍線部の和歌と『太平記』の和歌を正しく解釈し、自分の命を投げ出して天皇に尽くそうとする意志が両方の和歌に詠まれているという理解も正しいので、これが正解。

⑤は、本文の二重傍線部の和歌について「どうにかして手柄を立てたい」と解釈している点と、『太平記』の和歌について「武士を名乗る資格がない自分を」「卑下している」と説明している点が間違っている。本文の二重傍線部の和歌の「いかで」は反語の用法で、「結ぶ」も、手柄を立てるという意味ではなく、弁内侍と夫婦になることを言ったものである。

たいせつなひと

『太平記』などによれば、正行が弁内侍を救ったことをきっかけに二人は互いに好意を抱き、密かに思いを寄せ合っていたとされています。正行への恋心を詠んだ弁内侍の

思ふこと言はで心のうちにのみつもる月日を知る人のなき

（思うことを言わずに心の中にだけ積もる月日を知る人がいない。）

という歌が後村上天皇の知るところとなり、正行に弁内侍を下賜するとの意向が伝えられたのですが、正行は「武士として死ぬことを覚悟している自分が妻を持つことはできない」と詠んで断り、四《し》条《じょう》畷《なわて》の合戦で討ち死にすることになります。正行が亡くなったことを知った弁内侍は、悲しみのあまり、

大君に仕へまつるも今日よりは心に染むる墨染めの袖

（帝にお仕え申し上げる私も、今日からは心に染める墨染めの袖。〈＝愛する人を思って出家する。〉）

と詠んで出家し、自分の髪と正行の遺髪を一緒に埋めて塚を立て、正行を供養し続けて生涯を終えたということです。

『平家物語』や『太平記』をはじめとする軍記物語には、合戦に伴う辛い別れや悲恋の逸話も多く交えられています。勇猛な武士も、大切に思い合う人と深く心を通わせ、切実な思いを秘めていたことを伝える話の数々には、現代の私たちもしみじみ心打たれるものです。

第2問 『菅笠日記』

解答

設問	配点	解答番号	正解	自己採点欄
1	6点	1	②	
2	各5点	2	⑤	
		3	④	
		4	③	
3	6点	5	②	
4	7点	6	①	
5	8点	7	③	
6	8点	8	④	
合計				点

訳例

そのまま山の側の道をどんどん進んで行って長谷寺《はせでら》が近くなったところ、向かいの山の間から葛城《かずらき》山や畝傍《うねび》山などがはるか向こうに見えはじめた。よその国でありながらも、こういう名所はいつも書物でも見慣れ、歌にも詠み慣れているので、故郷の人が来合わせているような気持ちがして、急に慕わしく思われる。けわい坂といって急な坂をすこしくだる。この坂道から長谷寺も初瀬の里も目の前近くにはっきりと見渡すことができる景色は、なんともいえない。総じてここまでの道はまわりを山に囲まれた所で、これといった見所もなかったが、こうして立派な僧坊や御堂が建ち並んでいるのを急に見つけたのは、別天地に来ているかのような気持ちがする。与喜の天神と申し上げる御社の前にくだって着いて、そこに板の橋が渡してある流れが初瀬川であったことよ。向かいはすぐに初瀬の里であるので、旅人を泊める家に立ち寄って物を食べたりなどして休憩する。後ろ側は川の岸辺に片側をかけた建物なので、波の音がすぐ床の下で鳴り響いている。

初瀬川は昔から速く流れ続けてきてその名も有名な川だが、その瀬々の岩にうちよせる波。

出典

『菅笠日記《すががさにっき》』 江戸時代中期の紀行文 作者 本居宣長《もとおりのりなが》

本居宣長が、一七七二年に現在の奈良県にある吉野、飛鳥《あすか》を旅した時の日記。その後、吉野や飛鳥を巡る人々のガイドブックとしてもよく読まれた。宣長の著述としては他に『源氏物語玉小櫛《たまのおぐし》』『玉勝間《たまかつま》』などが重要である。

『枕草子《まくらのそうし》』 平安時代中期の随筆 作者 清少納言《せいしょうなごん》

作者が一条天皇の中宮定子に女房として仕えていたころの宮仕えの体験などを、類聚《るいじゅう》的章段、日記回想的章段、随想的章段など性格の違う章段約三〇〇段に記したもの。人生や自然、外界の事物の断面を鋭敏な感覚で描く。作者の人間性のあらわれた才気縦横の明るい世界は、王朝文化の頂点を形成し、後世に多大な影響を与えた。

そして御堂に参詣しようといって出発する。まず門を入って呉橋をのぼろうとする所に、誰のことかはわからないけれど道明の塔といっているものが右の方にある。すこしのぼって鋭角に曲がっている所に貫之《つらゆき》の軒端の梅というものもある。また蔵《ざ》王堂《おうどう》・産霊《むすぶ》の神の祠《ほこら》などが並んで立っている。ここから上を雲居坂と言うとかいうことだ。こうして御堂に到着し申し上げた時に、ちょうど御帳をあげている時で、たいそう大きい本尊が輝かしく姿をお見せになっているのを、他の人も拝むので、私も伏し拝む。そしてあちらこちらを見てまわると、この山の桜の花は、だいたいの盛りはすこし過ぎてしまっているけれども、まだ花盛りである所も、あちらこちらに多くあったことよ。巳《み》の時（午前十時ごろ）だといって法螺貝《ほらがい》を吹き、鐘を撞《つ》く音が聞こえる。昔、清少納言が参詣した時も、急にこの法螺貝を吹き始めたので驚いたということを書き残しているのが、ふと思い出されて、その当時の面影をも見るようである。鐘は、そのまま御堂の横、今のぼってきた呉橋の上にある楼にかかっていたことよ。

評判も高く長谷寺の鐘の音はかねてから（うわさで）聞いてきていたけれども、その音を今（実際に）聞いていることだなあ。

古い歌などにも多く詠んだ昔と同じ鐘であろうかと、たいそう心ひかれる。こういう場所柄、特に変わったところのないものでも、見聞きするにつけて気にかかるのは、すべて昔を慕う性質であるよ。

そのままそのあたりで立ちどまったり歩いてまわったりするうちに、御堂の方で今風でない典雅な楽器の音が聞こえる。「あれは何事をするのであろうか」と道案内する男にたずねると、「この寺を開きなさった上人の御忌月で近ごろ千部の読経がございますが、その毎日の勤行のはじめの合図でございます雅楽の音である」と言うので、とても聞きたくて急いで参上するが、まだ到着しないうちにはやくも音が止んでしまったのは満足できず残念だ。ふたたび御堂の中を通って、例の貫之の梅の前から片方へすこしくだって、学問をする高僧たちの草庵《そうあん》の横に、二本の杉の跡といって小さい杉がある。またすこしくだって定家の中納言の塔であるという五輪の石が立っている。今風の様子の物でまったく信用できない。八塩の岡という所もある。さらにくだって川辺に出て、橋をわたってあちら側の岸辺に玉《たま》鬘《かずら》の君の旧跡だといって庵《いおり》がある。墓もあるというけれども、今日は主の尼が、どこかへ出かけていない時なので門は閉じてある。すべてにつけこの初瀬に、その旧跡だあの旧跡だといってたくさんあるものは、みな真実味がない中でも、この玉鬘はまったくもって本当におかしい。あの源氏物語はすべて作り事であるともわからずに、本当に実在したような人だと思って、こんな場所をも作り出したのであろうか。このやや奥まった所に、家隆の二位の塔だといって石が十三重になっているものがある。こちらはすこし古く見える。そこに大きい杉で二股に分かれている木も立っている。また牛頭天王の社や、その側に苔《こけ》の下水というものもある。ここまではみんな山の側面で、川に近い場所である。

＊問6『枕草子』

数日間参籠《さんろう》している時に、昼はすこしのんびりと、以前はしていた。法師の僧坊に、男たちや女たち、召使いの童女などが皆出かけて手持ちぶさたである時も、すぐ側で法螺貝を急に吹き出したのはたいそうびっくりせずにいられない。美しい立文《たてぶみ》などを持たせた男が、誦経《ずきょう》の供え物をそっと置いて、堂童子などを呼ぶ声は、山彦《やまびこ》になって響き合ってきわだって聞こえる。鐘の声がいっそう響いて、どこの鐘であろうかと思う時に、高貴な御方の所の名を言って、「御産が無事に」などといかにもそれらしく申しているのなどは、むしょうに「(御産は)どうであろうか」と心配に強く思わずにいられないよ。

＊(注)の和歌

3 人間は、さあ、心の中もわからない。昔なじみの土地では花は昔のままの香で咲き匂うなあ。

5 年も経ってしまった。願っている約束は(かなわずに)果て、初瀬山の尾上《おのえ》の鐘が遠くにむなしく響く夕暮れ。

6 初瀬川の古川のほとりに二本ある杉。年が経ったらもう一度会おう。二本ある杉よ。

10 岩と岩の間をふさいだ氷も(立春の)今朝は溶けはじめて、苔の下にたまった水が(流れ出る)道を探し求めているだろう。

解説

問1 正解＝②

「うちつけなり」は「突然だ・だしぬけだ」、「むつまし」は「慕わしい・親しい」、「おぼゆ」は「思われる・感じがする」の意味なので、まず傍線部Aを逐語訳すると「突然に親しく感じる」となる。ここで⑤「がっかりした」は否定的な感想なので、間違っていることがわかる。次に傍線部Aの前の部分を見てみよう。**「よその国ながら」は「他国でありながらも」の意味で、自分の故郷ではない他国ではあるが親しみを感じたのである。**選択肢はすべて、前半は間違いと言いきれるものはない。しかし、ポイントとなる部分の「他国でありながら」の意味が出ているのは、②「実際に現地を訪れたのは初めてであるにもかかわらず」しかない。「よその国ながら」以下の本文と②の内容も合致している。①「村人と触れあう中で思っていた以上の感動があり」、③「本当に遠いところまで来てしまったと実感し、望郷の念に駆られた」、④「建物もそこに住んでいる人々の暮らしぶりもまさに想像通りだったので」などすべて、本文に書かれていない。正解は②。

問2

(ア)　**正解＝⑤**

「あらぬ」は「あら（動詞）＋ぬ（打消の助動詞）」が元々の成り立ちであるが、**「あらぬ」で「別の・ほかの・違った」の意味で使われる。**選択肢はどれも「あらぬ世界」の訳語であるが、初瀬や長谷寺は筆者にとって古典文学作品で親しんだ土地であるので、①「なじみのない土地」は間違い。また、長谷寺を目的地として訪れて、まさにその寺が見えてきた場面であるので、②「初瀬ではない土地」に来たような気持ちになるのはおかしい。実際に長谷寺を訪れて、寺の建物を目にしている場面で、③「空想の世界」や④「前世」に来たような気持ちになるのも文脈に合わない。この場面は、ここまでの道のりが「ことなる見るめもなかりし」であまり興味をそそられなかったのに対して、突然に「いかめしき(立派な)」寺の建物が現れたので⑤「別天地」のように感じたのである。

(イ)　**正解＝④**

「をりしも」は「ちょうどその時・折も折」の意味である。

「おり（折）」に、「その時・場合・機会」の意味があり、そこに強調の副助詞「しも（副動詞「し」に係助詞「も」が付いて一語化したもの）」が付いた形。この場面は、旅の目的地である「御堂」に到着したところ、まさしく「御帳（仏の前に掲げている布地）」を上げて本尊が見えるところに出くわすという好機だったために「をりしも（ちょうどその時）」と書かれている。

(ウ)　**正解＝③**

「いと～打消」は、「あまり～ない」と訳す場合も、「まったく～ない」と訳す場合もあり、これでは選択肢を絞ることはできない。**「うけ」は「受け・承け」で「受け入れる・承諾する」の意味である。**助動詞「られ」は打消「ず」と共に用いられており、ここでは可能の意味なので「受け入れることができない・承諾することができない」となる。「しも」は強調の副助詞で、特に訳出しなくてよい。これは、直前の「定家の中納言の塔なりといふ五輪なる石」について述べたものだが、「このごろやうの物」なので受け入れることができないと言っている。つまり、鎌倉時代の歌人である定家ゆかりのものにしては「五輪なる石」が新しすぎて、その説は受け入れられないということである。これに合致するのは③。①・②・④・⑤はどれも、動詞「うく（受く・承く）」の意味を反映していない。

問3　正解＝②

傍線部Bをまず逐語訳してみよう。「ことなる事なき物」は、「殊なる事無き物」あるいは「異なる事無き物」で、「特別では無い物・他と変わっているわけでは無い物」の意味である。「いにしへをしたふ心のくせ」は「昔を慕ふ心の癖」であり、「昔に憧れる性質」を言う。したがって傍線部Bの逐語訳は「このような場所柄、特に変わったところのない物でも見聞きするにつけて気にかかるのは、すべて昔を慕う性質であるよ」となる。**筆者は国学者なので、奈良時代や平安時代の「いにしへ」の古典文学を愛読、研究していたため、一見、変わったところのない物でも、古典文学にかかわる物だと慕わしく感じるのである。**①「かかる所」は、古典文学で親しんだ長谷寺のような場所をいうので、「賑《にぎ》わって騒がしすぎる寺」は間違い。③「心のとまる」は、心がひかれるという意味なので、「風流心が失せる」は間違い。④「いにしへをしたふ心」は、昔を懐かしむ心なので、その点はよいが、「なにかにつけ昔は良かったと」のように、現在の長谷寺を否定している場面ではないので、間違い。⑤「なりかし」は、断定の助動詞「なり」に、念押しの終助詞「かし」が付いた形で、断定の助動詞の働きがより強くなっているので、「断定するほどではないことを不確実に推量」は間違い。正解は②。

問4　正解＝①

長谷寺には「貫之の軒端の梅」や「定家の中納言の塔」などいろいろと古典文学ゆかりのものがあるが、それらについて「みなまことしからぬ」（26行目）と筆者は言っている。しかしその中でも最も「をかし」なものが「玉鬘の君の跡」だと言う。形容詞「をかし」は、ここでは「滑稽である」の意味であって、「情趣がある・趣深い」ではない。なぜなら傍線部Cの直後や注8を読むとわかるように、**玉鬘は『源氏物語』中の登場人物であって実在の人物ではない。**実在しない人間ゆかりの建物などあるわけもなく、しかも墓などあるはずもないので「いともいともをかしけれ」なのである。「をかし」の使われ方に着目して、②「風流なことだ」、④「深い感銘」が間違いだと気付こう。また、玉鬘が実在の人物だと思っている③・④はその点も間違いである。①と⑤とを検討していくと、⑤は全体的に本文に書かれていない内容である。本文での「をかし」の使われ方は、「ほほえましく」のように肯定的にとらえたものではない。①の「実在する人物だと思いこんで」の部分は、傍線部Cの直後の一文に書かれている。正解は①。

問5　正解＝③

このタイプの設問を苦手とする人は多い。

現代文の表現の問題と同様に、古文においても、普段から文章表現の特徴を意識しておくことが重要である。

また、実質的には内容合致で絞り込めることもある。

①　この文章には特に世俗を嫌う隠者的な要素や仏道への信仰心は表れていない。ここに表れているのは、古典文学世界への飽くなきあこがれや昔のことを明らかにしたいという学問的探究心である。

② この文章に描かれた旅に「旅愁」というものさびしく内省的な要素は少ない。むしろ、あこがれの土地を訪れる喜びや初めての物を目にする興味が全面に押し出され、全体に華やいだ文章である。現実に見聞きした事物に触れての記述が多いので、「浪漫的夢想的世界」も間違い。また「和漢混《こん》淆文《こうぶん》」は軍記物語に多く見られる、漢語を多く交えた文体を指し、この文章の文体ではない。

③ この文章の説明として妥当である。**各地を見聞しながら旅の途中で和歌を詠むのは、旅に魅せられた歌人・文人たちの作品に多い形**である。

④ 本文中に「人間観察」「社会に対する批評精神」はほとんど出てきていない。また「荒々しいまでの気迫」という激しさは感じられない。目に映る景物とそれに対する感想を淡々と述べている文である。

⑤ 選択肢の前半は正しいが、「読者に有職《ゆうそく》故実《こじつ》の知識を伝えようとする教育的意図」は表れていない。この文は誰かに教える目的で書かれたものではなく、自己の体験をあるがままにつづった記録的文章である。なお、「有職故実」とは、古来の朝廷や公家などの礼式・装束・年中行事などの先例、またそれに関する研究のことである。

問6　正解＝④

対話形式をとっていても、聞かれていることは普通の問題と同じである。対話を参考にしながら、『枕草子』の内容を把握しよう。

ここで聞かれているのは、助動詞「る」の用法である。最後の教師の言葉にある、古語「おどろく」の解説がヒントになる。**助動詞「る」「らる」は、「推し量る」「思ふ」など心の動きを表す動詞や、「泣く」「見やる」など心が動いた結果の感情を表す動詞に付く時に、自発の用法になることが多い。**古語「おどろく」は「①びっくりする　②はっと気づく　③目が覚める」などの意味で用い、教師の言葉にあるように原義は「意外なことに出会って心の平静を失う」なので、心の動きを表す語である。したがってここの助動詞「る」は、自発の用法と考えるのがよい。正解は④。

① 「『堂童子など呼ぶ声』…山彦のように響きあって聞こえた」は内容が間違い。助動詞「る」が受身だという説明も間違っている。②は「寺の法師に対する敬意を表すために」以下の説明が間違い。③の選択肢にあるように、この文章では、法師に対する敬意は示されていない。③は敬語に関する記述は正しいが、助動詞の用法は受身ではない。⑤の『菅笠日記』の「思ひ出でられて」にも助動詞「らる」が使われているとする指摘は正しいが、『菅笠日記』のこの部分の「らる」の用法は自発であり、『枕草子』の「いみじうおどろかるれ」の「る」の用法も自発なので、可能の用法と考えるのは間違っている。

平安のパワースポット

宣長が訪れた長谷寺は、平安京から直線距離で50㎞以上離れていますが、観音信仰が盛んであった平安時代には、貴族たちがこぞって参詣しました。女性たちもはるばると出かけたようで、その参詣（初瀬詣《はつせもうで》）の様子は『蜻蛉《かげろう》日記』や『更級《さらしな》日記』などの古典文学作品に書かれています。

その中でも、問題文に出てきた『源氏物語』の玉鬘《たまかずら》の逸話は印象的です。玉鬘は、離ればなれになっている母との再会を願うために、あえて徒歩での参詣を決意します。「生ける心地もせで」というつらい思いをして、出発から四日目に長谷寺近くの椿市《つばいち》の宿で、母の侍女であった右近《うこん》と出会いました。右近は、その時の喜びを、

二本《ふたもと》の杉のたちどを尋ねずはふる川野辺に君を見ましや

（二本の杉の立っているこの場所に参詣しなかったならば、古い川の近くであなたに出会えただろうか、いえ、出会えなかったことだろう。）

と詠んでいます。当時の女性に篤《あつ》く信仰されていた長谷寺で玉鬘の願いがかなうというこの場面は、さぞかし読者の心を引きつけたことでしょう。さすがは紫式部。この現実味ある物語の設定によって、後《のち》の時代の人たちは、玉鬘を実在の人物だと思い込むようになっていったのかもしれません。

また『今昔物語集』の「長谷に参りし男、観音の助けによりて富を得たること」という話は、昔話の「わらしべ長者」の原型です。身寄りのない貧しい男が長谷寺で祈っていると、「寺を出る時に手に触れた物を持って行け」という夢のお告げを得ます。言われたとおりにした男は、藁《わら》→虻《あぶ》→蜜柑《みかん》→布三反《たん》→馬→田・米を次々と手に入れて、最後にはたいそう裕福になりました。この話は、いわば、男が人々との出会いを繰り返して幸せになった話です。

長谷寺の観音の御利益によって、玉鬘と右近の縁が結ばれ、貧しい男と人々との縁が結ばれ、どちらも幸せへと導かれていったのですから、長谷寺は、古典文学の世界において、まさに縁結びのパワースポットだと言えるでしょう。

清少納言を驚かせた法螺貝《ほらがい》は、正午と午後八時を告げる合図として現在も吹かれていますし、藤原定家の五輪の石も、今でも残っています。これを書いているうちに、私も、宣長が歩いた道のりをのんびりとたどって、平安の初瀬詣に思いを馳《は》せてみたくなりました。

第3問

『枕草子』『今昔物語集』『宇治拾遺物語』

解答

設問	配点	解答番号	正解	自己採点欄
1	6点	1	④	
2	各5点	2	②	
		3	①	
		4	⑤	
3	6点	5	③	
4	7点	6	④	
5	8点	7	⑤	
6	8点	8	③	
合計				点

訳例

【文章Ⅰ】

興ざめなもの

除目《じもく》で官職を得ない人の家。「今年は必ず（得られる）」と聞いて、以前、いた者たちで、他所の従者であった者や、田舎めいた所に住む者たちなど、みなが集まって来て、出入りする車の轅《ながえ》もひっきりなしに見え、（任官祈願のために）寺社へ参詣する供に、われもわれもと参上してお仕えし、物を食べ酒を飲み、大騒ぎしあっているのだが、（除目が）終わる夜明け前まで門を叩《たた》く音もせず、「不思議なことに」などと、耳

出典

『枕草子《まくらのそうし》』　平安時代中期の随筆　作者 清少納言《せいしょうなごん》

作者が一条天皇の中宮定子に女房として仕えていたころの宮仕えの体験などを、類聚《るいじゅう》的章段、日記回想的章段、随想的章段など性格の違う章段約三〇〇段に記したもの。人生や自然、外界の事物の断面を鋭敏な感覚で描く。作者の人間性のあらわれた才気縦横の明るい世界は、王朝文化の頂点を形成し、後世に多大な影響を与えた。

『今昔物語集《こんじゃくものがたりしゅう》』　平安時代後期の説話集　編者 未詳

天竺《てんじく》、震旦《しんたん》、本朝の三部に大別して千余編の説話を収める。仏教的・教訓的傾向が強いが、本朝部の説話はあらゆる地域と階層の人間が登場し、生き生きした人間性が描かれる。取材範囲も広く、登場人物も貴族、僧、武士、農民、遊女、盗賊から、妖怪変化にまで及んでいる。漢字片仮名交じりの簡潔な表現は和漢混淆文《こんこうぶん》の先駆をなす。

『宇治拾遺物語《うじしゅういものがたり》』　鎌倉時代の説話集　編者 未詳

貴族説話、仏教説話、民間説話など一九七編を収める。ユーモアに富み、中世初期の人々の生活感情をよく伝える。全体に平易でわかりやすい和文の語り口で語られてはいるが、その内容には鋭い人間批評や風刺、皮肉がきいているものも少なくなく、味わい深い作品である。『今昔物語集』『古本説話集』『古事談』などと共通する内容の話が多い。

を澄ませて聞くと、先払いの声が次々と聞こえて、（除目を終えた）上達部などがみな（宮中を）お出になった。様子を聞きに前日の夜から（派遣されて）寒がって震えていた従者が、たいそうつらそうに歩いてくるのを見る者たちは、（その従者に結果を）尋ね聞きさえもできない。よそから来ている者などが、「殿は何におなりになったのか」などと尋ねる時に、返事には「何々の前の国司に」などと必ず答える。ほんとうに（主人の任官を）あてにしていた者は、「たいそう嘆かわしい」と思っている。翌朝になって、すきまなくいた者たちが、一人二人とすべるように出て立ち去る。古い従者たちで、そのようにも離れていくことのできそうにない者は、来年（国司が欠員になるはず）の国々を、指を折って数えたりなどして、身体をゆすってうろついているのも、気の毒で興ざめである。

【文章Ⅱ】

今では昔の事だが、□天皇の御治世に豊前大君という人がいた。柏原《かしわばらの》天皇の五男のお子さんで（柏原天皇の）お孫さんであった身分で、位は四位で、官職は刑部卿《ぎょうぶきょう》で大和の国守などであった。

この人は、世の中の事をよく知り、性質が素直で、帝の政治のなさりようを良いことも悪いこともよくわかって、除目があるような時には、まず国でたくさん空いている国を、それぞれ順番を待って希望する人々がいるのをも、国の程度に応じて当てはめて推量して、「その人をその国の国守になさっているだろう。その人は筋道立てて希望するけれども、任官できないだろうよ」などと国ごとに言っていた事を人がみんな聞いて、望みがかなった人は、除目の翌朝には、この大君のところに行って褒めたたえた。この大君の推量の除目がはずれなかったので、世間の人は集まって、「やはりこの大君の推量の除目はすばらしい事である」と口々に騒ぎ立てた。除目の前にも、この大君のところに行き集まって尋ねたところ、（大君は）推量したままに答えていた。「なるに違いない」と言われた人は、手をすりあわせて喜んで、「やはりこの大君はすばらしい人」と言って帰った。「ならないだろう」と言うのを聞いた人はたいそう怒って、「これは何事を言っているおいぼれの大君か。道祖神を祀《まつ》って正気でないのであった」などと言って、腹をたてて帰った。

そして「こうなるにちがいない」と（大君が）言った人がならずに、他の人がなったのを、「これは朝廷が下手くそになさったのだ」と、大君は、国政を批判し申し上げた。だから、天皇も、「豊前大君は除目をどのように言うということか」と、天皇に親しくお仕えする人々に、「行って尋ねろ」とおっしゃった。昔はこのような人がこの世にいたと語り伝えているということだ。

【文章Ⅲ】

今では昔の事だが、柏原天皇のお子さんで五男で、豊前の大君という人がいた。（位は）四位で、官職は刑部卿、大和の国守であった。世の中の事をよく知り、性質が素直で、帝の政治のなさりようをも、良いことも悪いこともよくわかって、除目があるような時といっても、まず国でたくさん空いている国を、希望する人々がいるのをも、国の程度に応じて当てはめて、「その人はその国の国守になさっているだろう。その人は筋道立てて希望しても、任官できないだろう」などと、国ごとに言っていた事を、人が聞いて、除目の翌朝に、この大君が推し量った事として言う事は、まったくはずれないので、「この大君の推量の除目はすばらしい」と言って、除目の前には、この大君の家に行き集まって、（大君が）「きっとなるに違いない」と言う人は、手をすりあわせて喜び、「なれないだろう」と言うのを聞いた人は、「何事を言っているおいぼれの大君か。道祖神を祀って、正気でないようだ」などつぶやいて帰った。

「こうなるに違いない」と（大君が）言う人がならずに、思いがけず他の人がなったのを、「下手くそになさった」と、世間では批判した。だから天皇も、「豊前の大君は、どのように除目を言ったのか」と、親しくお仕えする人々には、「行って尋ねろ」とおっしゃった。これは、田村天皇、水の尾天皇などの御治世であっただろうか。

解説

問1　正解＝④

傍線部Aを逐語訳すると、「何々の前の国司に」となる。「前の」というところが大切である。【文章Ⅰ】は「すさまじきもの（＝興ざめなもの）」について書かれており、文章の最後も「いとほしうすさまじげなり（＝気の毒で興ざめである）」と終わっていることから、ここに書かれているのは周りが興ざめしてしまうような気の毒な状況におかれた人物である。

注1にあるように、この話で話題となっている春の除目では、国司などの地方官が任命される。国司には、主に中流貴族が任命されるが、国司になれるかどうか、またどこの国に決まるかは、その後四年間の当人の収入に大きく影響するので、除目は中流貴族にとって一大事であった。除目の前に人々が邸《やしき》に集まってきて大騒ぎしているのは、「自分の主人がどこの国の国司に任命されるだろうか」という期待感からである。注6では、待ち遠しさのあまりに結果を聞きに行くための従者を派遣していることもわかる。ところがその従者が「もの憂げに歩み来る」のを見て、結果が望ましいものではなかった事が判明する。そんな折に、「ほかより来たる者」が事情も知らずに「何の役職に就いたのか」とぶしつけな質問をしてくる。今もっとも聞かれたくない質問を受けて、「何にも任命されなかった」と正直に答えるのもしゃくに障るし、答える気にもなれないが、何も返事をしないわけにもいかない

ので、「どこそこの前の国司に（なりました）」と答えることで、**今回はどこの国司にも任命されなかったということを、婉曲に伝えている。**①・②・③は、官職を得られている様子なので間違い。⑤は、「何々の職になったのだろう」が間違い。正解は④。

問2

(ア) **正解＝②**

形容動詞「すさまじげなり」は、形容詞「すさまじ」が形容動詞化したもので、時節に外れていたり、その場にそぐわなかったり、そなわるべき物が欠けていたり、期待が裏切られたりした場合の**不調和な感じから受ける不快感**を示す。「つまらなそうだ・興ざめな様子だ・殺風景だ」などと訳す。

(イ) **正解＝①**

「え〜打消」は「〜できない」と訳す。ここでは、打消にあたるのが、打消推量の助動詞の「じ」なので、「〜できないだろう」となる。「なら」は、動詞「なる（成る）」の未然形。念押しの終助詞「かし」は、「〜よ・〜ね」と訳す。これらをつなげて逐語訳すると「なることはできないだろうよ」となるが、ここでは「（その国の国守に）なることができないだろうよ」の意味なので、①の「任官できないだろうよ」になる。

(ウ) **正解＝⑤**

動詞「ののしる」の原義は、「周囲を気にせず大声を立てる」の意味。現代語では、「あしざまに言う・大声で非難する・どなって叱る」などの意味で用いられるが、それは中世末期以降に広く用いられるようになった。

問3 正解＝③

表現に関する問題といっても、ある程度は内容で選択肢を絞り込めることが多い。

まずは選択肢と本文に書かれている内容を照らし合わせて確認する必要がある。

① **問1**の解説でも書いたように、この話は除目で官職が得られるかどうかが話題となっているので、「今年は必ず」という表現の直後には「官職が得られるだろう・国司になるだろう」などが省略されている。

② この文章にはたしかに、「はやうありし者ども（＝以前に仕えていた従者たち）」、「ほかほかなりつる（＝他の邸で仕えていた従者たち）」、「古き者ども（＝古くからこの邸に仕えている従者たち）」など、それぞれに立場の異なる従者たちが登場するが、「今年は必ず、自分の主人に官職についてほしい」という願いは同じなので、「異なる立場と思惑が」以下が間違い。

③ 除目の前に、あちらこちらからこの邸に人が集まってきている様子が描かれているが、これは、主人が任官すれば

また雇ってもらおうと思って、集まってきているのである。前はこの邸で働いていた従者たちで、主人の経済状態が思わしくなくなり、やむを得ず邸を離れた従者たちも、また馴染《なじ》みのこの家で働きたいと思って集まり、食事や飲酒をしながら賑《にぎ》やかに結果が出るのを待っている様が前半の「ののしりあへる」までである。そして「前駆追ふ声々」で除目が終わったことが知らされ、その後は首尾良くいかなかったことがわかり、「え問ひだにも問はず」以降では、めっきりと口数も減り、人数も減り、最後には、古参の従者たちが静かに、来年国司が欠員になる国を指折り数える場面が描かれる。**賑やかな前半から、物静かな後半への転換が、除目を待つ人々の心情の変化と響き合っている表現である。**これが正解。

④「あやしう」「いともの憂げに」「いと嘆かし」は、どれも官職を得られなかった場面で用いられているので、悲観的な語であることは正しいが、それらは、自分の主人が官職に任命されるという望みがかなわなかった時などの、気落ちしている従者の心情を表している。この話に「宮中」や「上達部」に対する憤りの感情は書かれていない。

⑤「興味のない様子で」以下が間違い。従者が「いともの憂げに歩み来る（＝たいそうつらそうに歩いて来る）」のを見て、聞くまでもなく除目の結果を察したまわりの人が「え問ひだにも問はず（＝尋ね聞きさえもできない）」という状況になったのである。主人も従者も、願っていたことは同じであり、それが実現できずに落胆しているのも同じである。

問4　正解＝④

①「柏原天皇の五郎の御子の御孫」なので天皇家の血筋である。しかし**【文章Ⅱ】**の「大君」の動作には尊敬語が用いられていないことから、「大君」は上流貴族ではなさそうだと推測できる。「四位」の「刑部卿」はさほど高い官位ではなく、一般的に「国守（国司）」は中流貴族が務めることの多い官職であることも知っておこう。

②「世の中の事をよく知り」とあるので、世情全般に通じていることがわかり、「公の御政を良きも悪しきもよく知りて」とあるので、「公（＝天皇・朝廷）」の行う政治についても美点欠点ともによく知っていたことがわかる。

③除目に際して、「まづ国のあまた空きたる」について、「おのおの次第を待ちて望む人々」を「国のほどに当てて推し量」ったとあるので、国のことも貴族たちのこともよく観察した後に判断を下している洞察力のある人であるといえる。

④本文中にこれにあたる部分はない。これが正解。

⑤「その人は道理立てて望めども、えならじかし」と、任官できそうにない相手にも気遣いをせずに予想したままを告げて、言われた人が腹を立てるような事態を招いているので、配慮に欠ける部分があるといえよう。

問5　正解＝⑤

①　「なりぬべし」の構造は「なり《動詞》／ぬ《助動詞》／べし《助動詞》」。この「ぬ」は強意の助動詞で、「キット〜・〜テシマウ」などと訳す。**「連用形＋ぬべし」の形の「ぬ」は、強意（完了）の助動詞**であることを確認しておこう。したがって「『なりぬべし』といふ人」で、「『きっと（国守に）なるに違いない』と（大君が）言う人」の意味である。

②　「手を摺《す》りて悦《よろこ》び」の主語は、①に書かれている人なので、大君のうれしい予想を聞いて、喜びを動作で表している表現である。

③　「何事いひ居る」は、国守になれないと予想された人が、大君に向かって悪態をついているところであって、大君の予言がはっきりしないことにいらだっている表現ではない。

④　「狂ふにこそあめれ」は係り結びの形であるが、③と同じく大君に対する怒りの表現で、「（そんな予想をするなんて）正気でないようだ」と大君が常軌を逸していることを強調している。

⑤　③・④で解説したように、不吉な予想をされて怒っている人物は悪態をついている。さぞかし大声で罵詈雑言《ばりぞうごん》を発したのかと思うと、そうではなく、その言葉は実際には「つぶやきて」と小さな声で言われている。これは、望み通りの予想でなかったことに衝撃を受け、深く傷ついている心情の表現である。これが正解。

問6　正解＝③

傍線部Xを逐語訳すると、「『これは朝廷が下手くそになさったのだ』と、大君は、国政を批判し申し上げた」となる。「謗《そし》り」の主語は「大君」、「世」は「国政・朝廷」で、大君が朝廷を批判していることになる。一方、傍線部Yを逐語訳すると「『下手くそになさった』と、世間では批判した」となる。この「世には」の「世」は「世間」で、「そしり」の主語は「世」の人々である。こちらの場合では、世論が朝廷を批判していることになる。つまり、**傍線部Xと傍線部Yは、同じ動詞「謗り・そしり」が使われているが、その主語が違っている。【文章Ⅱ】と【文章Ⅲ】**で大きく異なるのはまずこの部分である。

次に、傍線部X・Yの違いを受けて、その続きを読んでみよう。**【文章Ⅱ】**では、大君に批判されたくない朝廷は、大君の予想が気になり、側近の従者を大君のところに行かせて、予想を尋ねさせている。朝廷と大君との情報の攻防戦である。一方、**【文章Ⅲ】**では、世間を敵に回したくないという思いのために、朝廷は大君の予想を気にしている。側近を大君のところに行かせるのは**【文章Ⅱ】**と同じであるが、朝廷が誰を強く意識して行動しているかが異なっているのである。

①は、「天皇が大君の予想に気を悪くして」以下が間違い。天皇は大君の予想を気にしているが、気を悪くしているわけではない。②は、「どうするべきか」以下が間違い。天皇は、

人事の内容について教えを請うてはいない。④は、「実は大君と天皇とが」以下が間違い。天皇と大君は、相談して芝居を打っていたわけではない。⑤は、「天皇は快く思わず」以下が間違い。天皇は大君の予想のことで大君を問い詰めてはいない。正解は③。

サラリーマンの哀愁

除目《じもく》は、一年に二度行われる行事で、地方官を任ずる春の除目（県召《あがためし》）と、大臣以外の中央官を任ずる秋の除目（司召《つかさめし》）と、臨時の除目があります。特に、「県召」は中流貴族にとっては大切な行事です。というのも、どこの国の国守になるかが収入の上下につながるからです。少しでもよい国に当たるようにと、本人だけでなく、召使たちまでもが待ち望む様子が【文章Ⅰ】に書かれていました。

『枕草子』には、任官を望む貴族が女房たちに自己PRをする様子について、次のようにも書かれています。

老いて頭《かしら》白きなどが、人にとかく案内《あない》言ひ、女房の局《つぼね》に寄りて、おのが身のかしこきよし、心をやりて説き聞かするを、若き人々はまねをして笑へど、いかでかは知らむ。

〈老いて白髪の人などが、人にあれこれと頼みごとを言い、女房の局に立ち寄って、自分の身の立派さを、いい気になって説明して聞かせるのを、〈その後で〉若い女房たちは真似をして笑うけれども、〈本人は〉どうして知ろうか、いや、知っているはずがない。〉

少しでも天皇への口添えをしてもらおうと、白髪の老人が、孫や子供のような女房に自分の自慢話をして聞かせる様子を想像すると、少し切なくなります。

第4問

『かざしの姫君』

解答

設問	配点	解答番号	正解	自己採点欄
1	各５点	1	②	
		2	③	
		3	④	
2	６点	4	③	
3	６点	5	①	
4	７点	6	⑤	
5	８点	7	④	
6	８点	8	②	
合計				点

出典

『かざしの姫君《ひめぎみ》』　中世の御伽草子《おとぎぞうし》　作者　未詳

作者・成立年代とも未詳。御伽草子は、室町時代から江戸時代初期にかけてつくられた短編の物語草子の総称である。文学が大衆化してきた時期に作られたため、文章が平易で、筋立ては類型的でわかりやすく、空想的・教訓的な作品が多い。人間以外の動物や植物を擬人化した異類《いるい》物も御伽草子の特徴的な類型の一つであり、『かざしの姫君』はその一つ。菊の花の精である男性と、菊の花を愛する姫君との悲恋を描く。

訳例

秋の終わり頃に、菊の花が色あせていくのを、このうえなく悲しいことと思い続けなさって、すこしうとうとなさると、年齢が二十歳すぎである男の、冠をかぶった姿がぼんやりとして、薄紫色の狩衣に、おはぐろに薄化粧で、太い眉を描いて、たいそう華やかな美しさの、高貴な風情は、昔の（『伊勢物語』の）在原業平や、（『源氏物語』の）光源氏もこのようであろうかと思われて、（その男が）姫君に寄り添いなさるので、姫君は夢とも現実とも思われず、起きて騒ぎなさると、この人は、姫君のお袖を押さえ、「どうしてほんのすこしだけの御愛情もないのだろうか」と言って、泣きながらいろいろな言葉をおかけになるので、姫君もしみじみいとしいとお思いになったのだろうか、夜半の下紐《したひも》を解いてうちとけなさるので、その人はうれしくて、よりいっそう今までのことやこれからのことを語って夜を明かしなさった。

翌朝にもなったので、この人が、姫君に向かって、「次の夜は必ず」と言って、泣きながら、

忍ぶ草の下に置く朝露ではないが、つらい気持ちを耐え忍んで、朝に起きて泣きながら別れてしまうようなことが悲しい。

と申し上げると、姫君はすぐに、

「将来まで」と約束をしておく（あなたの）言葉はあてにならない。「忍ぶ草の下の（すぐに消えてしまう）露」と

聞くので。

と言い返しなさると、客人は籬《まがき》の菊のそばまで行くかと見えて、ぼんやりと浮かぶ姿も見えない。

そして、かざしの姫君は、ますます不思議な気持ちをお抱きになるけれども、人に尋ねることのできる手立てもないので不本意で、それ以来、お互いの御縁は浅くなく、（男が）人目を忍びながら通いなさるので、いつとはなく日数を重ねなさるうちに、ある時、姫君がおっしゃったのは、「今は何を包み隠しなさっているのだろうか。はやくはやくお名前をお知らせくださいよ」と申し上げなさるので、この人は、立派な様子で、「このあたりにいる少将と申します者である。あとで必ずやご存知になるはずだ」と言って、お帰りになってしまった。

その頃、帝におかれては、花揃《そろ》えがあるということで、人々を呼び寄せなさったので、中納言殿も参上なさる。帝は、中納言をおそばに近づけなさって、「世の中で普通でないほどの菊の花を、揃え申し上げよ」とお言葉がおありになるので、どうしようもなくて、中納言は、菊を献上しようと思ってお帰りになった。

そして、少将はその日の夕暮頃に、西の対にやって来て、どんな時よりもしょんぼりとしている様子で、世の中がむなしいことなどを話し続けて、すこし涙ぐみなさるので、かざしの姫君は、「どういうことであろうか、物思いをする様子にお見えになるのは、どのようなことを思い悩みなさるのですか。心の中を残らずお話しくださいよ」と、一晩中申し上げなさると、「今はもう何を包み隠すことができるでしょうか、いえ、包み隠すことはできません。姿を見せ申し上げるようなことも、今日が最後になってしまったので、どんな末の世までも（一緒にいたい）と思ったことも、すべて無駄になってしまうようなことの悲しさよ」と言って、しくしくとお泣きになるので、姫君は、「これはどういうことか。あなたの御身を深くあてにし申し上げたのに、私にどうなれと思って、そのようにおっしゃっているのだろうか。野の果て、山の奥までもお連れくださいよ」と言って、声も惜しまず悲しんだところ、少将も思い通りにならないのでといって、あれこれと言葉もない。

しばらくして少将は、涙の間から、「今はもはや帰ってしまおう。けっしてけっしてお忘れにならないでください。私も御愛情をいつどんな時にも忘れ申し上げるはずがあろうか、いや、忘れません」などと言って、鬢の髪を切って、下絵の書いてある薄様につつんで、「もし思い出しなさるような時は、これを御覧ください」と言って、姫君に差し上げて、また、「身体の中に赤ん坊を残しておくので、どのようにもどのようにもちゃんと育て上げて、忘れ形見ともお思いください」と言って、泣きながらお出になるので、姫君も御簾《みす》のそばまで人目を忍んで出て外に目をやりなさると、（少将は）庭の籬のあたりへ立っていらっしゃるかと思ってみると、姿がお見えにならない。

解説

問1

(ア) **正解＝②**

「いかなること」は、「どのようなこと」という意味。動詞「思し召しわづらふ」は、「思ひわづらふ」の「思ひ」の部分が尊敬語「思し召し」になった形である。複合動詞の一部分が尊敬語になっているので、もとの複合動詞の現代語訳を尊敬表現にするのがよい。したがって、「思し召しわづらふ」の訳は「思い悩みなさる」。また、補助動詞「候ふ」は丁寧語なので、現代語訳は、「〜です・〜ます・〜ございます」を付ける。係助詞「ぞ」は、疑問語とともに文末に用いて、問いただす意味を表す用法で、「〜か」と訳す。ここでは疑問語「いかなる」とともに用いられている。以上のことから、正解は②「思い悩みなさるのですか」。①「苦しんでいるのですか」は、尊敬語が訳出できていない。③「お思いになるのか」は、丁寧語が訳出できていない。④「御病気におなりですか」は、動詞「わづらふ」を、「病気になる」の意味で訳しているので間違い。⑤「隠していらっしゃる」は、「思ひわづらふ」に「隠す」という意味がなく、丁寧語も訳出できていない。

(イ) **正解＝③**

動詞「見ゆ」には、「①見える　②姿を見せる　③姿を見られる」などの意味があるが、ここでは、②「姿を見せる」の意味。そこに、謙譲の補助動詞「参らす」の未然形が接続しているので、「〜申し上げる」と訳す。助動詞「ん」（「む」）は、婉曲《えんきょく》の用法で「〜ような」と訳す。①は、「見ゆ」を「見る」と訳しているので間違い。動詞「見ゆ」と「見る」は別の語である。②は、謙譲の補助動詞が訳出できていない。④「御覧になる」は尊敬語。⑤「見ゆ」を「姿を見る」と訳しているのも、謙譲の補助動詞「参らす」を「参上する」と訳しているのも間違い。

(ウ) **正解＝④**

品詞分解すると、「何《名詞》／と《格助詞》／なれ《動詞》／とて《格助詞》」であり、**「なれ」が動詞の命令形であることがポイントである。**格助詞「と」はここでは変化の結果を示す用法。格助詞「とて」は、「〜と言って・〜と思って・〜として」などと訳す。したがって、逐語訳は「『何となれ』と思って」となる。ここは、少将から「もう姿を見せることはない」と告げられた姫君が深く悲しんで、「今まであなたを頼りにし申し上げたのに、（今さら姿を見せないだなんて言うのは）私のことを『何となれ』と思って、そのようにはおっしゃっているのだろうか」と、少将の言葉の残酷さを責めている場面である。④は「どうなれと思って」と表現が少し変わっているが、同じ意味であり、動詞「なれ」を命令形に訳しているものは、④しかない。

問2　正解＝③

贈答歌に関する問題。

まず和歌Xを逐語訳すると、「忍ぶ草の下に置く朝露ではないが、つらい気持ちを耐え忍んで、朝に起きて泣きながら別れてしまうようなことが悲しい」となる。「うき（憂）」は、姫君と別れるつらさを表現している。動詞「忍ぶ」は、ここでは「我慢する・こらえる・耐え忍ぶ」の意味で、「うきことを忍ぶ」で、「（姫君と別れるという）つらいことを耐え忍ぶ」という意味になる。「朝露のおき別れなん」は、朝起きて別れることに加えて、「露」で涙を暗示的に示している。また、この和歌は朝の別れのつらさを詠んでいるが、注2にあるように「忍ぶ」には「忍ぶ草」の意味が掛けられており、「おき」には、「起き」と（露が）「置き」が掛けられている。「置く」は「露」の縁語である。空気中の水蒸気が物体の表面に付いて水滴になることを、古文では「露置く」という。したがって、和歌Xに関する説明は、動詞「忍ぶ」を間違って訳している②「人目を忍ばなければならない」が間違いで、他の選択肢は正しい。

次に和歌Yを逐語訳すると「『将来まで』と約束をしておく言葉はあてにならない。『忍ぶ草の下の露』と聞くので」となる。「末までと契りおく」は、「将来までの愛情を約束しておく」の意味で、本文5～6行目の「いとど来し方行く末を語り明かさせ給ひけり」を受けて、少将が姫君に将来までの愛情を約束したことを言っている。「こそはかなけれ」は、係り結びが成立している形なので、ここが句切れである。Yは三句切れの和歌である。形容詞「はかなし」は、移り変わりやすく永遠性のない、頼りない感じを表し、「頼りない・あっけない」などと訳す。上《かみ》の句の「末までと契りおくこそはかなけれ」で、「将来までの約束をするあなたの言葉はあてにならない」という意味である。「忍ぶがもとの露」は「忍ぶ草の下に置く露」の意味であるが、古典文学では「露」は「はかなく消えやすいもの・すぐになくなってしまうもの」を暗示的に示すことがある。「と聞くより」は「～という言葉を聞くので」の意味である。格助詞「より」には、原因・理由を表す「～ので・～から」の用法がある。「忍ぶがもとの露と聞くより」で、「『忍ぶ草の下の露』と言う（あなたの）言葉を聞くので」の意味になる。この和歌は倒置法が用いられているので、全体の歌意は「『忍ぶ草の下の露』と言う（あなたの）言葉を聞くので、将来までの約束をする（あなたの）言葉はあてにならない」という意味である。少将が「忍ぶがもとの朝露の」と詠んだ言葉を受けて、「『露』だなんて、すぐに消えてしまうものを歌に詠みましたね、どうせ、あなたの愛情も露のようにすぐに消えてしまうのでしょう」と、少将に言い返したものである。和歌Yに関する説明は、③だけが正しい。正解は③。

このように二人でやりとりする和歌を、贈答歌という。貴族の人間関係には不可欠なものであり、場面に応じた即興性が求められた。返歌は、贈られた元の歌の素材・発想・言葉などを使って、すぐに返すのがしきたり。二首に共通する言葉を探して話題をつかむ。試験では贈答歌はセットにして考えること。

男女だけでなく、親子や友人などの間でも贈答歌は詠まれる。返歌は、贈られた歌の言葉や発想を用いて、なるべく早く返さなければならない。和歌Yでも「忍ぶがもとの露」「おき（おく）」と和歌Xに用いられた言葉が、返歌に用いられている。また、別れの悲しさを素直に詠んだ少将の歌に対して、姫君の歌の内容が冷淡だと思った人もいるだろう。これも、古典文学にはよくある場面で、**恋のはじめのころは、男性からの熱烈な求愛の和歌に対して、女性は揚げ足を取ったり、皮肉に切り返したりする内容の和歌を詠むことが多い。**特に平安時代の貴族文学ではその傾向が強いので、知っておくとよいだろう。我々には女性が冷たい対応をしているように感じられるが、当時の人はこういうやりとりを楽しんでいたのである。

問３　正解＝①

傍線部Aを逐語訳してみると、「ますます不思議な気持ちをお抱きになるけれども」となる。副詞「いよいよ」は、以前より程度がはなはだしくなる様子を示し、「なおその上に・いっそう・ますます」などと訳す。つまり、**もとから「不思議」に思っていたことがあり、そのうえ、よりいっそう「不思議」な気持ちが加わったということである。**姫君が「不思議」に思っているのは、前段落に書かれた男の訪問に関してである。どこから来たのか、誰なのかもまったくわからないが在原業平や光源氏かと思うほどの好男子の訪問に、姫君は「夢現ともおぼえず」と混乱している。これが初めの「不思議」な出来事である。しかも、翌朝、男が立ち去る時の様子が、「籬の菊のほとりまで行くかと見えて、面影もなし（＝籬の菊のそばまで行くかと見えて、ぼんやりと浮かぶ姿も見えない）」とあり、この帰り方も普通ではない。門までも行かず、庭先の垣根で姿が消えるのはなんとも「不思議」である。やって来た時も「不思議」なら、帰って行く時も「不思議」だったので、「いよいよ不思議の思ひをなし」たのである。②のように、自分のことについて言っているのではない。③のように二人の関係を不安視しているのも違う。④・⑤の男が名前や素性を明かさないことに対して不審に思う気持ちは、傍線部A以降の部分で書かれている内容であり、傍線部Aの心情ではない。正解は①。

問4　正解＝⑤

傍線部Bを逐語訳すると「どんな時よりもしょんぼりとしている様子で、世の中がむなしいことなどを話し続けて、すこし涙ぐみなさるので」となる。姫君のもとを訪れた少将が、元気がなく、涙ぐんでいる様子である。この時の少将の気持ちは、20行目「今は何をか」から始まる会話の中に書かれている。この部分を分析してみよう。まず「今は何をかつつみ候ふべき（＝今はもう何を包み隠すことができるでしょうか、いいえ、包み隠すことはできません）」とあり、少将は、隠している何かを、今から姫君にうち明けようとしている。次に「見え参らせんことも、今日を限りとなりぬれば（＝姿を見せ申し上げるようなことも、今日が最後になってしまったので）」とあり、今夜が最後の逢瀬《おうせ》であることを告白する。動詞「見ゆ」には**問1**(イ)でも解説したように「姿を見せる・姿を見られる」の意味があり、そこから転じて、「姿を見せたり、見られたりする」＝「会う・対面する」の意味にもなる。名詞「限り」は「限界・終わり」の意味で、「今日を限りとなり」で「今日が（対面の）終わりになる」ということである。これが少将が泣いていた理由である。そして、「いかならむ末の世までと思ひしことも、みないたづらごととなりなんこと（＝どんな末の世までもと思ったことも、すべて無駄になってしまうようなこと）」と、第一段落で「行く末」までの愛情を誓い合ったことを引き合いに出し、それが実現できないという無力感に打ちひしがれている。第一段落で結ばれて将来までの愛情を誓い、第三段落では「いつとなく日数を過ごし」と愛を深める日々を送ってきた二人であったが、この第五段落においては状況が一変し、この日の逢瀬が最後になってしまう。このつらい現実に直面し、それを姫君に告げなければならないために、少将はしょんぼりとしていたのである。

①・②・③は見当違いの内容である。④「この世にあるものはすべて移り変わっていく」は広い意味では間違いではないが、ここでの少将の悲しみは、もっと恋愛に焦点をしぼって考えるのがよい。正解は⑤。

問5　正解＝④

「姫君」と「少将」の行動や心情に関して、**キーワードを手がかりにして該当部分を本文と照らし合わせて確認して答えよう。**記憶力だけでいいかげんに答えてはいけない。

①「つゆばかりの御情」がないのかと言ったのは、姫君ではなく少将であり、涙ながらに自分の心情をさまざまに話したのも少将である。

②「それ以上は知らない方が姫君のためによい」が間違い。ここでの少将の言葉は「後にはさだめて知ろしめすべし（＝あとできっとお知りになるにちがいない）」である。

③「もの思ひ姿」であったのは少将である。事情を話すように言ったのは姫君で、姫君が少将に対して気持ちを話すよ

うに促している。「少将が何も話してくれないことが悲しい」にあたる記述も本文にない。

④　動詞「いざなふ」は「連れて行く・伴って行く」の意味。「心にまかす」で「自分の思い通りにする・思い通りになる」なので、「心にまかせざれば」は「自分の思い通りにならないので」の意味である。これが正解。

⑤　「姫君は…残してほしいと頼んだ」が間違い。別れの場面が描かれた最終段落に、姫君の言葉は書かれていない。

問6　正解＝②

生徒たちの会話に沿って、本文中の何が話題となっているのかをつかもう。

まず少将の服装や化粧から、色好み（＝恋愛の情趣をよくわきまえ、洗練された恋愛ができる人）の貴族男性なのだろうと推測する。すると、別の生徒から疑問点が提示される。それは、少将が姫君のところから帰る時の様子が通常と違う点である。少将が姫君のところから帰る場面は本文中に二度出てくるが、どちらも「籬（＝垣根）」の所で「面影もなし（＝ぼんやりと浮かぶ姿も見えない）」、「たたずみ給ふかと思ひて、見え給はず（＝立っていらっしゃるかと思ってみると、姿がお見えにならない）」と書かれていて、帰る姿がはっきり見えない。**問3**でも、男の姿が見えなくなることについて、姫君が「不思議」に感じていた。生徒たちは、姿が見えなくなる現象とそれが起こる場所である「籬」の間に関係があるのではないかと考える。たとえば、童話のような、現実にはあり得ない空想的な出来事が、「籬」のところで起こるのではないかという仮説である。童話や昔話では「十二時の鐘」「王子の口づけ」「天の羽衣」「玉手箱」など、ある事象をきっかけに現実にはありえないことが起こる物語が多い。この物語では「籬」がそのきっかけを果たしていて、「籬」に現実世界と異世界との境界線のような役割があるのではないかと「籬」への考察を深めていく。「籬」は植物などが植えられている垣根のことであるが、この物語の舞台は晩秋で、色鮮やかな花々は咲いていない。物語の初めにあるように「菊の花のうつろひゆく（＝枯れて色が変わっていく）」さみしい風景である。ここで出てきた新たなキーワードが「菊」である。物語の主人公は「菊」を愛する姫君で、「菊」が枯れていくのを悲しんでまどろんでいた時に少将が訪れた。さらに姫君の父親が天皇に「菊」を献上することが決まった日の夜、少将は姫君に別れを告げる。ここまでをまとめてみよう。

- **「菊」を愛する姫君が「菊」を見ているところに少将が訪れ、「菊」が献上されることが決まった日の夜に別れを告げる。**
- **少将が帰る時は、「菊」などの植物が植えられている「籬」で姿が見えなくなる。**
- **昔話や童話のような幻想的・空想的な話の可能性がある。**

これらの事実から、少将がどのような人物かを推測してみなければならない。

①　少将が帝の子供であるとわかる根拠がない。また、選択肢の内容が、生徒たちの話題の中心である「菊」「籬」などと関連していない。

②　少将が「菊」の花の精であると考えると、菊を愛する姫君の気持ちに応えようとして訪れたのも理解できるし、菊が植えられた「籬」のところで帰る姿が消えてしまうことと、「菊」が献上されることが決まったので別れを告げたことなども整合性がある。これが正解。

③　「悪霊の力で化け物に」が本文から推測できない。本文中に「悪霊」は出てこない。これは、菊の花の精が夜だけ人間に姿を変えて姫君のところを訪れる話である。

④　全体的に間違い。少将が初めに訪れたのは、姫君が菊の花が枯れていくのを悲しんでいた夜であり、それをなぐさめに訪れたというのならば正解であるが、この選択肢は、「献上されようとしていることを知って」から訪れたとしている。物語では、「献上」がわかった後に、少将は姫君に別れを告げに来た。

⑤　「不本意な入内《じゅだい》の決まった姫君を慰めるために」が間違い。姫君が天皇家と婚姻することは本文に書かれていない。宮中に献上されるのは、姫君ではなく、中納言邸の庭の籬に咲く菊の花である。

菊の花の精が男になって訪れる今回の話は、御伽草子の中でも、「異類物」といわれ、人間以外の動物や植物を擬人化した存在が描かれる作品である。また、御伽草子でなくても、神や仏や植物・動物など人間以外の物が、人間の思いに感応して、行動を起こしたり、発言をしたりする作品は古典文学に多い。

第5問 『おくの細道』『奥細道菅菰抄』

解答

設問	配点	解答番号	正解	自己採点欄
1	各5点	1	②	
		2	①	
		3	④	
2	6点	4	⑤	
3	6点	5	③	
4	7点	6	④	
5	8点	7	③	
6	8点	8	⑤	
合計				点

訳例

【文章Ⅰ】

ここから殺生石に行く。城代家老のはからいで馬で送られる。この馬方の男が、「短冊を与えてくれ」と願う。風流なことを願うものですなあと、

野原を横切るように（鳴いて飛び去る声がしたので、そちら側に）馬を引いて向けろ。ほととぎすだ。

殺生石は温泉が出る山あいにある。石の毒気はまだ衰えないで、蜂・蝶《ちょう》の類が、砂の色が見えないほど重なって死ぬ。

また、「清水流るる」の柳は葦野の里にあって、田の畔《あぜ》に残る。

出典

『おくの細道《ほそみち》』 江戸時代前期の俳諧的紀行文 作者 松尾芭蕉《まつおばしょう》

門人曽良《そら》を伴い、江戸深川から関東・奥羽《おうう》・北陸の諸地を巡った紀行文。「月日は百代《はくたい》の過客《くわかく》にして、行きかふ年も又旅人也《なり》」という序文より始まる。書名は、仙台の章の次に「おくのほそ道の山際に十符《とふ》の菅《すげ》あり」とあるのによる。

『奥細道菅菰抄《おくのほそみちすがごもしょう》』 江戸時代中期の俳諧書 作者 高橋梨一《りいち》

江戸時代には、『奥細道通解《つうかい》』『泊船集《はくせんしゅう》解説』など芭蕉の著書を解説する書物が多く出版された。本書はその中の一つで、『おくの細道』の注釈書。著者は、文献を調べるだけでなく、『おくの細道』を実際に歩いて調べたという。

『遊行柳《ゆぎょうやなぎ》』 室町時代の謡曲《ようきょく》 作者 観世信光《かんぜのぶみつ》（一部、表記を改めたところがある。）

旅の僧である遊行上人《しょうにん》が白河の関を過ぎたあたりで出会った老人から、朽木《くちき》の柳という名木についての故事を聞く。

謡曲とは、能の台本を、文学作品としてとらえた時の名称。観阿弥《かんあみ》、世阿弥《ぜあみ》、観世信光など室町時代末期までの能役者自身の作品が主である。文章は、枕詞、縁語、掛詞などの使用や、古詩古歌の引用の多い流麗なもので、テーマは、古典や伝説等の脚色が多い。謡曲は、近世以降の文芸、演劇、音楽に大きく影響を与えた。

この場所の郡守の戸部某《こほうなにがし》が、「この柳を見せたいなあ」などと、折に触れておっしゃいますのを、どのあたりだろうかと思ったが、今日、この柳の木陰に足をとめました。

　田を一枚植えて立ち去る柳だなあ。

　心の落ち着かない日々が重なるままに、白河の関にさしかかって旅の覚悟が定まった。（昔、平兼盛が）「なんとかして都へ（伝えたい）」と伝手《つて》を探したのももっともである。中でもこの関所は三関の一つであって、風雅を愛する人は、心を寄せる。秋風（の響き）を耳の中に残し、紅葉（の色合い）を面影に感じて、青葉の梢《こずえ》がよりいっそうしみじみと趣深い。卯《う》の花がまっ白なところに、茨の花が咲き加わって、雪をも越える（美しさである）気持ちがする。昔の人が、（この白河の関で）冠を直し、衣装を着替えたことなどが、藤原清輔の書物にも記されていたとかいうことだ。

　卯の花を髪飾りにして、（それが）関所を越える（我々の）
　晴れ着だなあ。　曽良

【文章Ⅱ】

「清水流るる」の柳は、西行の歌に「道ばたの清水が流れる柳の木陰にしばらくと思って立ち止まったけれども」（とあるが）、この歌からの名前である。今は、上人遊行柳《しょうにんゆぎょうやなぎ》という。この土地に関する俗説による名前である。この柳は、葦野の宿の北の端、西の方、畑の中に八幡宮の社があって、その鳥居のそばに残る。

　この句は最初は七文字が、「植ゑて立ち寄る」である。考えてみると、それでは、早乙女が立ち寄るの意味にもなり、一方で「寄る」は前の文章にあって、句の中ではいう必要がない。いずれにしても一句の風情が薄い。「立ち去る」とすると、余情として西行の歌をふまえて、自分は短い時間と思ったけれども、早乙女が田を一枚植える間、この柳の木陰で涼んで今立ち去ると（いう意味になり）、この部分に気持ちをこめている再案であるに違いない。これによって、前の文章からのつながり、（西行の）名作の味わい、どちらもよく整っています。これらの例で、発句では前の文章の書き方をもよく見て考えるのがよい。

＊問6【文章Ⅲ】

シテ「やあやあ、ここにある古い塚の上にあるのが、朽木の柳でございます。よくよく御覧くださいませ。」

ワキ「それでは、この塚の上にあるのが、名木の柳でありましたなあ。本当に川岸も水が途絶えて、川添いに、柳が朽ち残る。老木は、それ（が有名な木）とも見分けがつかず、蔦《つた》や葛《かずら》ばかりが覆い被《かぶ》さっており、青い苔《こけ》が、枝を埋める様子は、ほんとうに長い年月が経って古びている。そもそも、いつの時代からの名木であるのだろうか。くわしく語ってください。」

シテ「昔、鳥羽上皇の北面の武士である、佐藤兵衛憲清が、出家し、西行とその名が聞こえていた歌人が、この国に都から下向なさったが、季節は六月中旬であるが、この川岸の木の下にしばらく立ち寄りなさって、一首をお詠みになったのである。」

ワキ「由緒を聞くと面白いなあ。そしてそして西行上人の詠歌は、どの歌であるのだろうか。」

シテ「（あなたは）六時不断の（厳しい）勤行の暇もない間でも、この和歌集を御覧になったのか。『新古今和歌集』に
道ばたに清水流るる柳陰、清水流るる柳陰、しばしとてこそ立ちとまり」

解説

問1

(ア) **正解＝②**

動詞「得さす」は「与える」の意味。なりたちは、下二段動詞「得《う》」の未然形「得《え》」＋使役の助動詞「さす」であるが、一語で動詞として用いられる。「得さす」や「取らす」は、「与える」の意味で用いると覚えておこう。「得させよ」は、その命令形である。逐語訳は「与えろ」であるが、場に応じた訳し方で「与えてくれ」となっている。ここでは、有名な俳諧師である芭蕉を馬に乗せることになった馬方が、「あなたの発句を書いた短冊を、記念として私にください」という意味で言った言葉。

(イ) **正解＝①**

「見せ」はサ行下二段動詞「見す」の未然形。ここでは終助詞「ばや」に接続しているので未然形になっている。「見す」は現代語の「見せる」にあたる表現。「見す」で一語であり、「す」は使役の助動詞ではない。「見る」に使役の助動詞が付く場合は、助動詞「さす」が付いて、「見さす」となるので注意。**終助詞「ばや」は願望を表し、「～たいなあ・～たいものだ」と訳す。**②は「見に行き」が間違い。③の「…があればなあ」は、終助詞「もがな」の訳。④の「…てほしい」は、終助詞「なむ」の訳。⑤は「見えるだろうか」が間違い。**願望の終助詞は、「ばや」「にしがな」「てしがな」（～たい・たいものだなあ）、「なむ」（～てほしい）、「もがな」（～があればいいなあ・～といいのになあ）など種類が多いので、それぞれの訳し方を整理して覚えよう。**

(ウ) **正解＝④**

動詞「立ち寄る」は現代語と同じで、「ついでに訪れる・足をとめる」などの意味。そこに、丁寧語補助動詞の「侍り」と完了の助動詞「つれ」が付いた形で「～でした・～ました」と訳す。「つれ」は、完了の助動詞「つ」が係助詞「こそ」に対応して已然形になったもの。

問2　正解＝⑤

発句Xを逐語訳すると、「野原を横切るように馬を引いて

向けろ。ほととぎすだ。」となり、命令形「ひきむけよ」が切れ字の役目を果たしている。芭蕉が馬方の男に、馬上から命令形で呼びかけた発句である。発句は、短い言葉で表現されているので、このままではわかりにくい。言葉を補うと「野原を横切るように(鳴いて飛び去る声がしたので、そちら側に)馬を引いて向けろ。ほととぎすだ。」となる。芭蕉が馬の向きを変えろと要求した理由である「ほととぎす」は、この句の季語であり、古来、夏を知らせる鳥として親しまれて、多くの文学作品に頻繁に登場する。特にその初音を珍重し、なんとかして聞こうとする内容の詩歌が多い。ここもその伝統にのっとって、ほととぎすの声を聞こうとしている内容である。**馬方の男の「短冊を与えてくれ」という風流な申し出に興を覚えた芭蕉が、「ほととぎす」という古典文学の伝統にのっとった風流な素材を用いた句を作って応えたのである。**殺生石のことはこの歌とは関係がない。正解は⑤。

問3　正解＝③

傍線部Aを現代語訳すると、「秋風を耳の中に残し、紅葉を面影に感じて、青葉の梢がよりいっそうしみじみと趣深い。卯の花がまっ白なところに、茨の花が咲き加わって、雪をも越える気持ちがする」である。まず一文目を分析すると、**「耳に残し」「おもかげにし」というのは、「秋風」や「紅葉」が芭蕉の目の前にあるという意味ではない。秋風は芭蕉の耳に聞こえておらず、紅葉は芭蕉の目に映ってはいない。ただ、現実にはなくてもそれらの風情が感じられているということ**で、眼前にある木は「青葉の梢」である。その「青葉の梢」を見ていても、「秋風」の音や「紅葉」の赤い色を思い出すという表現なので、①「まったく違った風情」、②「寒さを感じる風が吹く」以下は間違いである。次に二文目を分析すると、「卯の花」が咲いているところに、「茨の花」までが加わって咲いている様子を描写している。「卯の花」も「茨の花」も白色の花であるが、その知識がなくても、本文に「白妙」とあるのでわかる。その白い花々が咲き乱れる様子を「雪にも越ゆる（＝雪以上だ）」と表現しているのだから、雪よりも白く輝いて美しいということである。「青葉の梢」も「卯の花」も夏の光景であり、また**問2**に出てきた「ほととぎす」も夏の鳥であるので、④「まだらに雪の残る早春の風景」、⑤「淡雪の中に」は間違い。この場に実際の雪はない。正解は③。

問4　正解＝④

西行の和歌である傍線部Bを現代語訳すると、「道ばたの清水が流れる柳の木陰にしばらくと思って立ち止まったけれども」である。「しばしとて」は、「しばらくの間（ここにいよう）と思って」の意味。完了の助動詞「つ」が、係助詞「こそ」に対応して已然形「つれ」になっている。**「こそ〜已然形」**

の形は、「こそ〜已然形。」のように通常の係り結びの形で強く言い切るものと、「こそ〜已然形、」の後に逆接で続くものとがある。しかし、韻文の場合は句読点が付かないので見分けにくく、文脈から判断しなければならない。この和歌の場合は、後ろに続いていく逆接と考えて、「〜立ち止まったけれども」と訳すのがよい。さらにこの和歌は、逆接以下を省略して、余情を感じさせている表現なので難しい。「しばし」と思って立ち止まったけれども、実際にはそれ以上の長い時間をこの柳のもとで過ごしてしまったほど、この場所は気持ちが良く、風情のある場所だったということを表現しているのである。旅の途中で涼しさや休息を得られたこの場所の清水や緑陰に感謝し、それらの景物を愛おしんでいる和歌である。したがって、④「旅程が遅れてしまったことが悔やまれる」が間違い。

問5　正解＝③

【文章Ⅱ】の第二段落に、発句Yの推敲《すいこう》に関する記述がある。**【文章Ⅱ】**の作者は、初案の「立ち寄る」という表現について、二つの点を難じている。一つ目は、「立ち寄る」だと、作者が立ち寄ったのか、早乙女が立ち寄ったのかが不明である点。二つ目は、「立ち寄る」だと、直前の文章に「立ち寄り侍りつれ」とある表現と重なっており、直前の文で書いたことをふたたび句の中でいう必要はないという点である。そして、発句Yの「立ち去る」の表現について高く評価しているのは、言外に西行の歌の「立ち止まり」を受けて風情が増している点である。かつて西行が「立ち止ま」った木の下を、いま芭蕉が「立ち去る」という対応が生まれる。そのことで、芭蕉も、西行同様に柳の下に立ち寄って、西行同様に立ち止まって、西行同様に思った以上の長居をして、西行同様に涼を得て立ち去ったという意味が生まれる。このように、「立ち去る」の方が、前の文章からのつながりを考えても、西行の和歌との関係性を考えても、よりすぐれていると評価しているのである。正解は③。

問6　正解＝⑤

① 「それまでは水も涸《か》れ果てた」以下が間違い。**【文章Ⅲ】**の2〜3行目の「げに川岸も水絶えて…まことに星霜年ふりたり」と合わない。「星霜」は、現代語においても「歳月」の意味で、柳は朽ち果てて、まことに年を経て古びているありさまであったということ。

② 「『新古今和歌集』を…からかった」が間違い。該当部分でシテの老人は「あなたは六時不断の厳しい勤行の暇もない間でも、この和歌集を御覧になったのか」と、遊行上人の風流さに感心している。

③ 「場所を教えなかったのは…説明したかったから」が間違い。**【文章Ⅰ】**には、戸部某がこの柳のことを折に触れて

言うので芭蕉が興味をもっていたことが書かれているが、意図的に場所を教えなかったわけではない。

④「伝説の柳の木が作り話ではなく本当に存在することを強調する意図」が間違い。**【文章Ⅱ】**は**【文章Ⅰ】**をより詳しく解説しているだけであり、柳の木が「作り話」だと思われていたという記述はどこにもない。

⑤ 正解。西行は平安時代の歌人で、その逸話が室町時代になって謡曲となったことは、**【文章Ⅱ】**の注1にも書かれている。江戸時代の俳諧師である芭蕉は、『新古今和歌集』からも、**【文章Ⅲ】**の謡曲『遊行柳』からも、この和歌を知っていて、西行ゆかりの場所にあこがれていたと考えられる。**【文章Ⅱ】**は**【文章Ⅰ】**の解説なので、当然、その後に執筆されている。

影を慕いて

『風姿花伝』に、能楽の基本は「本説正しきこと（由緒ある古典文学に基づいていること）」とする箇所がありますが、『おくの細道』で芭蕉が西行ゆかりの旧跡を訪ねたのも、そうした古典文学への思いからでしょう。芭蕉は、西行を敬愛しており、生涯に何度もあちらこちらの西行ゆかりの土地を訪ねています。『野ざらし紀行』においては、西行が庵を結んだとされる西行谷を訪ね、川で女性たちが芋を洗うのを見て、

芋洗ふ女西行ならば歌よまむ

（里芋を洗う女がいることよ。西行ならば、この光景を見て歌を詠むだろう。）

とユーモアたっぷりに思いを馳せたり、弟子の各務《かがみ》支考《しこう》が書いた『笈日記《おいのにっき》』には、

西行の草鞋《わらじ》もかかれ松の露

（西行の草鞋がかかっていてくれ。〈そうすればもっと風流であろうよ。〉松の木に露が降りているこの風景は。）

と芭蕉が吟じたと書かれています。

『笈の小文』では、「西行の和歌における、宗祇《そうぎ》の連歌における、雪舟《せっしゅう》の絵における、利休《りきゅう》が茶における、其《その》貫道する物は一なり。」と、和歌の美意識を代表する歌人として西行の名をあげました。芭蕉にとってのあこがれの西行。芭蕉は、その影を追い求めて、旅を続けていたのでしょうか。

第６問『歌学提要』

解答

設問	配点	解答番号	正解	自己採点欄
1	各５点	1	④	
		2	②	
		3	①	
2	６点	4	③	
3	７点	5	⑤	
4	８点	6	③	
5	各７点	7	③	
		8	⑥	
合計				点

出典

『歌学提要《かがくていよう》』　江戸時代の歌論書　**作者**　内山真弓《うちやままゆみ》

歌人で国学者の内山真弓が、和歌の師である香川景樹《かがわかげき》の歌論を記したもの。『古今和歌集』の歌風を尊重する「桂《けい》園派《えんは》」と呼ばれる流派の論が体系的にまとめられている。

『新古今和歌集《しんこきんわかしゅう》』　鎌倉時代の勅撰《ちょくせん》和歌集　**編者**　藤原定家ら

第八の勅撰和歌集で、後鳥羽上皇の命により、藤原定家らとともに後鳥羽上皇自身も撰集に加わって編纂された。余情をかきたてる優艶な歌風が特徴的とされる。

訳例

詠歌に趣向を求めることはあってはならないことである。古歌の優れたものを見よ。何らかの趣向があるか、いや、何の趣向もない。顕輔卿《あきすけきょう》の「秋風にただよふ雲」の歌は、何一つ思い付いた趣向もなく、いつもある様子を詠んでいるだけ（である）。けれども七百年の長い時を経て、身分の上下を問わず賢者と愚者の区別もなく、そのような月に向かうと（この歌が心に）浮かんできて、ひたすら感動せずにはいられないのは、不思議ではないか。優れた歌はすべてこうであるけれども、今は一首を挙げて注意を促しておくだけ（にしておく）。

この程度のことは誰もが思いもし言いもするけれども、歌に詠んだといっても何の値打ちがあるだろうかと思い捨てて、さらに一段高尚なものを求め、深いものを探し、しだいに（本来あるべき）歌の境地を離れて、それで歌だと思いもし、言いもするので、ほとんど歌の本来の姿を失うものである。ただ実物実景に向かって、思うままをすらすらと詠み出すとすればその場合は、自然と調べが整ってすばらしい調べが生まれるものである。

また当代で、自分こそはと得意になっている人の歌を見ると、だいたい趣向と理屈とを中心として詠んでいるので、枝を曲げ葉を切り落とした庭木のように、自然の調べ・自然の姿を失っているので、これはと感心する歌はもちろん（ないもの）で、聞いて理解することさえ難しい歌も時々あるものである。

だから、師は、いつも、「歌は理屈を述べるものではない。歌うものである。理屈のない歌はそれでも詠むことができる。歌ではない理屈は詠んではならない」とお教えになった。これは調べがあるから歌、調べがないと歌ではない（ということである）。結局調べとは歌の呼び名である。また、「理屈がなくて自由に進むものは音調である。理屈があって自由に進むことができないものは文章である」ともお教えになっている。音調のこのような部分は実に大きいではないか。だから、趣向をとやかく求めることをやめて、ただ誠実な思いを詠み出すことが一番良いことを知らなければならない。

また、掛詞はだいたい歌の品格が卑しく、幻滅するものであって、感興を損なうものである。好んで詠んではならない。初心者は、対象と気持ちとを関係のないものとして、何はともあれ奇抜な掛詞を求めて歌を詠もうとするので、前後の句が合わず、調べが整うことがない。これは、歌は真実（を詠むもの）であることを知らず、むやみに作り上げるものと思っている誤りである。ただ普段の言葉を用いてこの思いを述べる以外にはないことを悟らなければならない。

ところで、「なし」ということを「嵐」に掛けて詠み、あるいは、「逢《あ》ふこと波に」などと工夫して詠むようなことは、どちらかと言えばきっとかまわないだろう。「知らず」ということを「白波」・「白菊」などと詠んで聞かせようとするのは、感心しないことであるよ。そうはいっても、掛詞にも優れた歌が、ないわけでもないので、ひたすらこれを捨てろと言うわけではない。ただ注意して詠むようなことだけ（を言っているのである）。誠実から生まれたならば、かえって調べを助けて情調がすばらしい歌もきっとあるに違いない。けれども、「歌でいかにも歌らしい歌は歌ではない。物はその匂いがあるのは劣っている」と（師はお教えになった）。それならば、ともかく（誤った）歌（の概念）を捨てて歌を詠まなければならないのである。

＊（注）の和歌

1　秋風にたなびく雲の絶え間から漏れ出る月の光の澄んだ明るさ。

5　難波の人は、どんな因縁でむなしく死んでしまうのだろうか。難波の入り江の波や澪標《みおつくし》ではないが、逢うことがないので心身を滅ぼしつつ。

6　天の川の浅瀬を知らず、白波をたどりながら渡りきることができないでいると、夜が明けてしまったなあ。定めがあって色褪《あ》せるだろうとは知らずに、白菊は紅葉の下に花が咲いたのだろうか。

＊問５『新古今和歌集』

山里に住んでおりました頃、嵐が激しい朝、前中納言顕長のもとにお送りになった歌

夜中に吹く嵐につけて思うことだよ。都もこのように秋は寂

しいのかと。

返歌　　　　　　　　後徳大寺左大臣

世の中で秋が終わったので、都でも今は嵐の音ばかりがする。

（私は）世の中をすっかりいやになったので、都にもういるまいという思いばかりがする。　　　　前中納言顕長

解説

問１

(ア)　正解＝④

「あやしから」は、**通常と異なって違和感を覚える様子を表す形容詞「あやし（怪し）」**の未然形。「〜ずや」は、「〜ではないか」と問いかける形で詠嘆を表す用法。ここでは、何の趣向もない顕輔の「秋風に…」の歌が、月を見る人の心にいつも浮かんで感動を呼ぶことについて、非常に不思議なことだと詠嘆する思いを表している。正解は④。

(イ)　正解＝②

「感ず」は「感動する・感銘を受ける」の意なので、これだけで②に決まるが、傍線部全体の意味も確認しよう。「これ」は「我はと誇れる人の歌」を指し、その歌について、筆者は、「自然の調べ・自然の姿を失ひたれば」と批判している。「〜はさらにて」は、「〜はもちろんで・〜は言うまでもなく」と自明のことを挙げる連語表現で、他も同様であることが続けて述べられることが多い。ここでは、直後に「聞きだに分け難きもままある（＝聞いて理解することさえ難しい歌も時々ある）」と続いているので、傍線部(イ)も同様に「これ」を批判する内容になっていることがわかる。傍線部(イ)の逐語訳は「これはと感動するものはもちろんで」であるが、「これは」の後の内容と、もちろんどうなのかを文脈から補うと、趣向と義理を旨とした歌は、自然の調べや姿を失っているので、「これはすばらしい」と感動する歌は「もちろんない」ということになる。正解は②。

(ウ)　正解＝①

「あかぬ」は、**「満足できる」という意味のカ行四段活用動詞「飽く」**の未然形＋打消の助動詞「ず」の連体形で、「満足できない・不満だ」ということ。正解は①。

問２　正解＝③

傍線部Xの解釈や文法が問われている。

格助詞「より」は、「①**起点（〜から）**　②**通過点（〜を通って）**　③**比較の基準（〜と比べて）**　④**原因（〜で・〜によって）**　⑤**手段（〜で・〜を使って）**　⑥**範囲の限定（〜以外に）**　⑦**即時（〜や否や）」といった用法があるが**、ここでは、和歌が「誠実より出で来」という文脈なので、起点を表している。これを比較の基準としている①は間違い。

「出で来ば」の**「ば」**は、カ行変格活用動詞「出で来《く》」の**未然形**「出で来《こ》」**に接続しているので、順接仮定条件を表し**

ている。これを恒常条件としている②は間違い。

「なかなか」は、「かえって」と訳す副詞で、通常の認識や予想とは異なる側面があることを示す際に用いられる。ここでは、無理のある掛詞を用いることへの不満が示された上で、誠実から生まれた掛詞ならかえって和歌をすばらしくする場合もあるという見解が述べられている。③が正解。

「匂ひ」は、そのものから感じ取れる良い雰囲気を表す言葉で、現代語の「匂い」がほぼ嗅覚で感じ取れるものを表すのに限られるのに対して、古語としては、視覚的な良さを言う場合も多いことに注意しよう。ただし、ここで言う「匂ひ」は、和歌の雰囲気のことで、④のように「美しい色紙に流麗な文字で書いた際の見た目」と特定できるものではない。

「ありぬべし」は、ラ行変格活用動詞「あり」の連用形＋完了（強意）の助動詞「ぬ」の終止形＋当然の助動詞「べし」の終止形で、「きっとあるはずだ」の意。この「ぬ」を打消の助動詞「ず」と誤解している⑤は間違い。

問3　正解＝⑤

和歌の「趣向」について書かれたこの文章全体の内容理解が求められている。本文の初めに、「詠歌に趣向を求むることはあるまじきわざなり」と書かれているように、筆者や香川景樹は「趣向」を否定する立場であることを踏まえつつ、本文と選択肢を検討していこう。

---

① 第一段落に挙げられた顕輔の「秋風に…」の和歌は、一切の趣向がないすばらしい古歌の例なので、「優れた古歌の中には、一見して気付かないところに何らかの『趣向』が隠されているものもある」という説明は間違っている。

② 第一・第二段落の内容に完全に反している。筆者の考えは、「秋風に…」の歌に詠まれているようなことは誰もが思ったり言ったりするけれども、多くの人は歌に詠んでも値打ちがないと思い捨て、深遠な境地を求めて歌本来の姿から離れた歌を詠んでいると批判するものである。

③ 本文全体として、「『趣向』を前面に出した和歌を詠もうとする」ということは想定されていない。また、注2の説明のように「調べ」が和歌の本質であり、第四段落で「道理」「理」は真の和歌に詠むものではないとされているので、「道理に合っているかどうかを念入りに確かめ、推敲《すいこう》を重ねて仕上げなければならない」という説明は間違っている。

④ 第四段落に書かれている「音調」の説明については正しいが、「誠実の思ひを詠み出づるにしくことなき」は、「誠実な思いを詠み出すことが一番良い」という意味なので、「誠実に努力する」という説明は間違っている。

⑤ 第五・第六段落に書かれている内容に合致している。「掛詞」は和歌を「みだりに造りかまふる」ためのものとされ、「常言をもてこの思ひを述ぶる」態度と対置されているので、この文章で言う「趣向」にあたる。第五段落で、「初心の輩」

が掛詞などの趣向に走る傾向にあると指摘され、第六段落で、掛詞を完全に否定するわけではないが、「ただ心してものせんのみ」と注意が促されている。

問4　正解＝③

「文章の表現の特徴と内容」についての問いは、選択肢に引用された部分を探し、その表現がどういうことを意味し、本文内容にどう関わっているかを考えて選択肢を吟味する。

① 「時代の変化に伴う和歌の変遷」が間違い。本文では、古歌の例が挙げられ、今の歌人の和歌の傾向が述べられてはいるが、昔から今への移り変わりは述べられていない。

② 「反語表現・助動詞『べし』・命令形」という説明は正しいが、1行目の「なにかの趣向かある」は、「何らかの趣向があるか、いや、何の趣向もない」という客観的な事実を反語表現を用いて述べたものである。また、20行目の「ひたすらこれを捨てよと言ふにはあらず（＝ひたすらこれを捨てろと言うわけではない）」は、掛詞を条件付きで認める姿勢を表すもので、「捨てよ」と命じているわけではない。文章全体として、和歌の趣向についての批判や注意点が述べられてはいるが、「歌人たちの意識を改革していこうとする筆者の意志が強く表されている」とまでは言えない。

③ 鎌倉時代の勅撰集である『新古今和歌集』に収められている「秋風に…」の歌や、筆者の師である香川景樹の言葉が引用されているのは、趣向を原則として否定する筆者の見解に説得力を増すためであると考えられる。これが正解。

④ 「その月に向かへばうかび出でて」は、後世の人が月を見ると顕輔の歌を思い浮かべるということで、比喩表現ではない。「枝をため葉をすかしたる庭木」は、趣向と義理を旨とした歌は自然の姿を失ったものであることの比喩なので、「掛詞などの修辞技巧の効果」を強調するものではない。

⑤ 「逢ふこと波に」という掛詞は、「まだしもありなん（＝どちらかと言えばきっとかまわないだろう）」と、譲歩的に認める姿勢が示されているので、「不適切な掛詞の例」とは言えない。また、全体を通して、古歌の例を挙げたり古歌への見解を示したりしているのは筆者であり、「古歌を一方的に称賛する人をたしなめる」記述はない。

問5　正解＝③・⑥

教師と生徒の会話から、「あらし」と読む「嵐」と、「し」を濁音にした「あらじ」とが掛詞であることを確認しよう。

掛詞では清音と濁音の区別はしない。

その掛詞が用いられた例として教師が挙げたのが、『新古今和歌集』の後徳大寺左大臣と前中納言顕長の贈答歌である。

「夜半に吹く…」の和歌は三句切れで、逐語訳は「夜中に吹く嵐につけて思うことだよ。都もこのように秋は寂しいのかと」である。詞書と下の句から、後徳大寺左大臣は嵐の激しい山里に住んでいて、和歌を贈る相手の前中納言顕長は都にいるということがわかる。「夜半に吹く嵐」は「夜中に吹く嵐（＝激しい風）」という意味でしかないので、この「嵐」は掛詞ではない。

「世の中に…」の和歌では、「あき」と「あらし」が平仮名表記になっていることに注目しよう。「夜半に吹く…」の和歌と同様の「秋」と「嵐」の意であることは確かだが、「夜半に吹く…」の和歌で、「（あなたのいる都も）寂しいのか」と気遣われたことに対する返歌であることを踏まえると、心情に関わる意味として、「飽き」と「あらじ」の意もとらえることができる。

和歌の掛詞は、〈景〉（＝景物）と〈情〉（＝心情）の意味を掛けるものが定番である。

この和歌も、〈景〉について、「世の中で秋が終わったので、都でも今は嵐の音ばかりがする」という意味と、〈情〉について、「世の中をすっかりいやになったので、都にももういるまいという思いばかりがする」という意味が成立する。

①は、「夜半に吹く…」の和歌の「嵐」を掛詞と考えている点が間違っている。

②は、「どれほど寂しい思いがするか、都に住んでいた頃には想像もしなかった」と解釈している点が間違っている。第三句末の「かな」は詠嘆の終助詞、第四句末の「や」は疑問の用法である。

③は、詞書を踏まえた和歌の内容を正しく読み取っている。逐語訳としては三句切れの和歌であるが、内容的には、「夜半に吹く嵐につけて」「都もかくや秋は寂しき」ということを「思ふ」と解釈することができる。これが一つ目の正解。

④は、「世の中に…」の和歌の「あらし」が掛詞であるという理解は正しいが、「都にも…あらし」を「都では嵐が吹くことなどないだろう」と解釈している点が間違っている。

⑤で生徒Eが指摘しているように、「都にも」の「も」は並立を表すので、後徳大寺左大臣のいる山里と同様に、前中納言顕長のいる都でも嵐が吹いているということである。

⑤は、「都にも」の理解は正しいが、「あらし」に「荒し」が掛けられているとしている点が間違っている。前述のように、掛詞は〈景〉と〈情〉の意を掛けるのが定番なので、ともに〈景〉の様子にあたる「嵐」と「荒し」を掛詞と考えるのは不適切である。

⑥は、「あき」と「あらし」の掛詞を正しく理解し、〈景〉と〈情〉の両面から和歌の内容を適切に解釈できている。これが二つ目の正解。

第7問　『宇津保物語』

解答

設問	配点	解答番号	正解	自己採点欄
1	各5点	1	③	
		2	④	
		3	②	
2	5点	4	①	
3	7点	5	④	
4	7点	6	②	
5	各8点	7	②	
		8	④	
合計				点

訳例

こうして、八月中旬頃に、時の太政大臣が、祈願なさることがあって、賀茂神社に参詣なさったが、舞人や、陪従《べいじゅう》が、いつものしきたりであるので、たいそう盛大で、この俊蔭《としかげ》の家の前を通って参詣なさる。舞人や、陪従が盛大で、先払いの者も数えきれないほど通り過ぎなさるのを見るということで、（俊蔭の娘が）壊れている蔀のそばに立ち添って見ると、音楽を奏でる人や、御車などが通り過ぎて、少し後に、こちらも先払いの者が声を上げて、年齢が二十歳ほどの男と、まだ十五歳ほどで宝玉が光り輝くように美しい童髪の少年が、御馬に付き従う者を多く連れてお通りになる。童髪の少年はこの大臣殿の御四男にあたりなさる。父大臣が、この上なくかわいがりなさって、ほんの少しの間もお目をお離しにならない御子であった。若小君と申し上げた。この家の垣根越しに、たいそうすばらしく色美しい薄が、折れるほどに招くように揺れる。前をお歩きになっている人が、「不思議なほど招く所だなあ」と言って、

　吹く風が招くのであるに違いない。花薄《はなすすき》を私を呼ぶ人の袖と見たのは。

と詠んで、お通りになる。若小君は、

出典

『宇津保物語《うつほものがたり》』　平安時代の作り物語　**作者**　未詳

『源氏物語』に先行する物語の一つで、作者は源順《みなもとのしたごう》かとされるが未詳。ある遣唐使が漂着した異国で琴《きん》の秘曲を伝授されて帰国したところから、それを継承した息子たちが数奇な運命をたどっていくさまが二十巻にわたって描かれている。日本初の長編物語作品とされ、家族・恋愛・政争などのさまざまな要素が盛り込まれている。

『古今和歌集《こきんわかしゅう》』　平安時代の勅撰和歌集　**編者**　紀貫之ら

最初の勅撰和歌集で、醍醐天皇の命により、紀貫之・紀友則・凡河内躬恒《おおしこうちのみつね》・壬生忠岑《みぶのただみね》が撰進した。「たをやめぶり」と称される繊細優美な歌風が特徴とされる。

見る人が招いているのだろう。花薄は自分の袖とは言わないけれども。

と詠んで、近寄りなさって、（薄を）折りなさると、この女（＝俊蔭の娘）が見える。「（このようなみすぼらしい家にいるのは）不審なほど、すばらしい人だなあ。心細い様子の生活をしているなあ」と思って御覧になると、（娘が）歩いて（家に）入る後ろ姿は、変化《へんげ》の者というわけでもない。若小君は、しみじみ心打たれると思って御覧になるけれども、一人で行く道中でもないので、気持ちを抑えて通り過ぎなさる。

こうして、御社に到着し申し上げなさって、神楽を奉納しなさると、若小君は、「昼見かけた人は、何者であるだろうか。どうにかして見よう」とお思いになって、夕暮れ時にお帰りになる際に、人よりも後に立って、すべての人がすっかり通り過ぎた後で、若小君は、あの家の秋空のもとでひっそりしている所で、見回して御覧になると、野原に茂っている藪《やぶ》のように不気味な様子ではあるけれども、風流心のあった人が、時を惜しまずに丹精込めて造った所であるので、木立をはじめとして、水が流れている様子や、草木の姿などが、風情があって見応えがある。蓬《よもぎ》や、葎《むぐら》の中から、秋の花がわずかに咲き始めていて、池の広い水面に月が趣深く映っている。恐ろしいという気もせず、趣深い所を分け入って御覧になる。秋風は、河原から吹いてくる風と一緒になって強く、草むらに虫の声が乱れて聞こえる。月は陰りなくしみじみ美しい。人の声は聞こえない。このような所に住んでいるような人に思いを馳せて、一人言で、

虫さえもたくさんは声を上げない雑草の茂る家に一人で住んでいるような人を思う。

と詠んで、深く草を分けてお入りになって、建物のそばに近寄っていらっしゃるけれども、人も見えず、ただ薄だけが、たいそう風情ある様子で招くように揺れる。隅から隅まで見えるので、さらに近くお寄りになる。東に面した格子を、一枚上げて、琴をひっそりと弾く人がいる。（若小君が）近寄りなさると（その人は奥へ）入ってしまった。（若小君は）「あかなくにまだきも月の」などとおっしゃって、簀子《すのこ》の端にお座りになって、「このような所に住んでいらっしゃるのは、誰か。名乗ってください」などとおっしゃるけれども、答えもしない。中が暗い様子なので、入ってしまった方も見えない。月がだんだん沈みかけて、

立ち寄ると見ているうちに月が沈んだので、（あなたの）姿を（見て逢《あ》えるのではないかと）あてにした私はつらい。

また、

（月が）沈んでしまったので光も残らない山の端で宿がわからなくなって嘆く旅人のように、あなたが奥へ入ってしまったので姿も残らないここでどうしてよいかもわからなくなって嘆く私だ。

＊問5『古今和歌集』

惟喬親王《これたかのみこ》が狩をした供として参上して、宿に帰って、一晩

中酒を飲み世間話をしたところ、十一日の月もまさに沈もうとした時に、親王が酔って奥の部屋へ入ってしまおうとしたので、詠みました歌

満足するほど見てもいないのに、早くも月が沈むのか。山の端が逃げて沈ませないでもいてほしい。（もっと御一緒したいのにもう親王は奥の部屋へお入りになるのか。どうにかして入らせないでほしい。）

解説

問1

(ア)　**正解＝③**

「いかめしう」は、**形容詞「いかめし（厳めし）」**の連用形の語尾がウ音便化したもので、**立派で威厳がある様子を表す。**ここでは、賀茂神社に参詣する太政大臣の一行が、非常に盛大な様子であることを言っている。

(イ)　**正解＝④**

「聞こえ」は、ヤ行下二段活用動詞「聞こゆ」の連用形。**「聞こゆ」は、「①（音声が）聞こえる　②噂《うわさ》になる・評判である　③（「言ふ」の謙譲語として）申し上げる　④（謙譲語補助動詞として）～申し上げる」という訳し方がある**が、ここでは、太政大臣の四男である少年のことを、皆が「若小君」と「言ふ（＝呼ぶ）」ということを、その若小君への敬意を示しつつ述べたもので、③の「言ふ」の謙譲語にあたる。

敬語の解釈問題は、敬語の種類と動作に注意しよう。傍線部の語とともに、選択肢の現代語の表現についても、敬語の有無や種類をしっかり見極める必要がある。

①の「言います」は「言う」を丁寧表現にしたもの、②の「おっしゃる」は「言う」の尊敬語、③の「うかがう」は「聞く」や「訪れる」の謙譲語、⑤の「お聞きになる」は「聞く」を尊敬表現にしたものである。

(ウ)　**正解＝②**

「いかで」は、手段や方法についての疑いを表す副詞で、疑問（「どうして～か」）、反語（「どうして～か、いや、～ない」）のほかに、願望・意志・命令を表す文で「どうにかして（～したい・～しよう・～せよ）」と訳す願望の用法がある。傍線部(ウ)は、昼間目にした女性は誰であろうかと興味を持っている若小君の心内文で、末尾の助動詞「む」は意志を表しているので、「いかで」は「どうにかして」と訳す。

問2　正解＝①

敬語の敬意の対象は、尊敬語なら主語（＝「～が」にあたる人物）、謙譲語なら目的語（＝「～に・～を」にあたる人物）、丁寧語なら読者・聞き手である。

敬語の種類と本文の内容を確かめていこう。

aの「給は」は尊敬語補助動詞「給ふ」。「御目をはなち給はぬ」は、「(父大臣が)お目をお離しにならない」ということで、「給ふ」は「太政大臣」(＝父大臣)への敬意を示している。

bの「奉り」は「与ふ」の謙譲語「奉る」。「神楽奉り」の「神楽」には「神に奉納する舞楽」という注があるので、「奉る」対象は「神」、すなわち「御社(＝賀茂神社)」の神である。「神楽奉り」は「神楽を(御社に)奉納する」ということで、「奉る」は「御社」への敬意を示している。

cの「給ふ」は尊敬語補助動詞。「分け入りて見給ふ」は、「(若小君が)分け入って御覧になる」ということで、「給ふ」は若小君への敬意を示している。

dの「給へ」は尊敬語補助動詞「給ふ」。「名乗りし給へ」は、若小君が邸《やしき》の女に対して「(あなたは)名乗ってください」と言ったもので、「給ふ」は女への敬意を示している。

問3　正解＝④

和歌の句切れや内容についての説明。**A**の歌は「先に立ち給へる人」、**B**の歌は「若小君」が、通りかかった家で薄が揺れているのを見てそれぞれ詠んだものであることを踏まえ、選択肢を見ていこう。

和歌の句切れは、終止形・命令形・係り結びの結び・終助詞などによって、和歌の途中の句で文末の形になっている部分である。句切れがある歌は、複数の文から一首が成り立っている場合と、一文が倒置されている場合とがあり、どちらであるかは内容から判断しなければならない。

① **A**の歌は、助動詞「べし」の終止形「べし」で二句切れとなっている。結句の「袖と見つるは」は文末表現ではなく、一首全体を見ると、「花薄われ呼ぶ人の袖と見つるは」「吹く風のまねくなるべし」という順でつながる一文をなしていて、「花薄を私を呼ぶ人の袖と見たのは、吹く風が招くのであるに違いない」と解釈できるので、初・第二句と第三・第四・結句が倒置されているものと判断できる。

Bの歌は、助動詞「らむ」の終止形「らむ」で二句切れとなっている。結句の「言はぬものから」は文末表現ではなく、一首全体を見ると、「花薄わが袖ぞとは言はぬものから」「見る人のまねくなるらむ」という順でつながる一文をなしていて、「花薄は自分の袖とは言わないけれども、見る人が招いているのだろう」と解釈できるので、初・第二句と第三・第四・結句が倒置されているものと判断できる。

①の説明は適当である。

② **A**・**B**の歌に共通して「花薄」「まねく」と詠まれてい

るのは、通りかかった家の垣根の「尾花（＝薄）」が風に揺れる様子を、あたかも人が誰かを手招きしているようだと喩えたものである。

②の説明は適当である。

③　Aの歌の「花薄われ呼ぶ人の袖と見つる」の逐語訳は、「花薄を私を呼ぶ人の袖と見た」である。風で揺れている薄を、誰かが自分を呼んで手招きしている袖のように思ったと表現したものなので、③の説明は適当である。

④　Bの歌の「見る人のまねく」は「見る人が招く」という意味なので、格助詞「の」は主格の用法である。「まねく」は、②で確認したように、邸の庭の薄があたかも誰かを招いているかのように揺れているということなので、「見る人」は、道行く若小君たちを見ている邸の中の人を意味している。これを「通りかかった邸を覗《のぞ》き込んでいる若小君たち」としている④は不適当である。

⑤　Bの歌の「わが袖ぞとは言はぬ」の「袖」は、Aの和歌の「呼ぶ人の袖」と同じく、揺れている薄を、若小君たちを手招きしているようだと喩えたものである。「わが袖ぞとは言はぬ」は、「(花薄は)自分の袖だとは言わない」ということで、Bの歌は、邸に住む人が自分は誰それだと名乗りはしないけれども、通りかかった若小君たちを招いているかのようだと詠んでいる。詠み手の若小君の立場から言えば、邸の中の人が誰かがわからないということなので、⑤の説明は適当である。

問4　正解＝②

傍線部X「しひて過ぎ給ひぬ」までの若小君の言動や心情に関する内容合致問題にあたる。本文の内容と選択肢を照らして検討しよう。

①「通りすがりの邸」の「薄を折り取った」ことは、10行目「…折り給ふ」までの内容として正しいが、「立ち寄り給ひて」とあるように、若小君は垣根のそばに近づいただけで、「断りもなく入り込ん」だわけではない。また、「この女の見ゆ。『あやしく、…』と見給ふ」は、邸に住む女の姿が見え、若小君はその女に興味を抱いたということなので、「見咎《とが》められ、たいそう気まずく思った」という説明は間違っている。

②　10行目の「あやしく、めでたき人かな。心細げなる住まひするかな」は若小君の心内文で、「不審なほど、すばらしい人だなあ。心細い様子の生活をしているなあ」と、邸の女に興味を抱いたものである。「あやし」は違和感を覚える様子、「めでたし」はすばらしい様子を表す形容詞で、すばらしい人が心細い様子の暮らしをしているのは不審に思われるほどだということ。その後、若小君は、邸の女の「後ろ手(＝後ろ姿)」を「あはれと見(＝しみじみ心打たれると思って見)」ているので、「めでたし」は、女の容姿が美しいということと考えてよい。「心細げなる住まひ」については、前

書きに「邸は」「すっかり荒れ」、2〜3行目に「こぼれたる蔀《しとみ》」とあるので、「建具も壊れている荒れた邸」という説明も適当である。これが正解。

③「同行者」とは、6行目の「先に立ち給へる人」のことで、その人が言った「あやしくまねく所かな」は、薄が揺れている様子を、邸の人が誰かを招いている様子に見立てたものである。この「あやしく」は「不思議なほどに」という意味で、邸が「みすぼらしい」ということではない。11行目の「あはれ」は、若小君が邸の女性の後ろ姿について「しみじみ心打たれる」と感じたことなので、「…邸はかえって風情があると感じた」という説明も不適当である。

④ 3行目「立ち後れて」は、舞楽を行う者たちや牛車よりも少し後に、二十歳ぐらいの男と若小君が多くの従者を伴って通って行ったということなので、「行列から遅れてしまった」というわけではない。「父から叱責されるのではないかと恐れた」という内容はまったく書かれていない。

⑤ 11行目「あはれと見」は、邸の女の後ろ姿を見てしみじみ心打たれたということなので、「女の貧しい生活ぶりを気の毒に思った」という説明は間違っている。「ひとり行く道にしあらねば、しひて過ぎ給ひぬ」は、自分一人の外出ではなく親のお供として大勢で賀茂神社に向かう途中であったため、邸の女への興味を抑えて通り過ぎたということなので、「自分だけの判断で援助するのは無理だと一旦諦めた」という説明は間違っている。

問5　正解＝②・④

生徒と教師の会話から、「あかなくに…」の言葉は引き歌を用いた表現で、教師が示した在原業平の和歌も、本文の和歌**C**・**D**も、「月」や「山の端」という景物を表す言葉が用いられているが、単に景物を詠んでいるのではなさそうだというヒントが出されていることを確認しよう。

詠もうとする事柄を別の何かに喩えることを「見立て」と言い、自然の風物などの〈景〉の言葉が、人物や心情などの〈情〉の見立てになっていることが多い。地の文や詞書に書かれている詠み手の状況や心情を手がかりに、直接詠まれている景物が何を見立てたものかを把握することが、和歌の理解への大きなポイントになる。

『古今和歌集』の「あかなくに…」の和歌は三句切れで、逐語訳は「満足できないのに早くも月が沈むのか。山の端が逃げて沈ませないでほしい」である。詞書の内容は、在原業平が惟喬親王のお供で狩をして宿に帰り、宴を楽しんでいた夜に、月が沈みかけ、親王も奥の部屋へ入ろうとした際に詠んだというもの。月が沈むのを惜しむ〈景〉の意味に重ねて、月を親王に見立て、親王が奥の部屋へ入るのを惜しむ〈情〉の意味が詠まれている。

本文の和歌C・Dは、若小君が、縁側近くで琴を弾いていた女が奥へ入ってしまったことを嘆いて詠んだものである。和歌C「立ち寄ると…」の逐語訳は「立ち寄ると見ているうちに月が沈んだので、姿をあてにした私はつらい」で、月を女に見立て、せっかく見ていた女の姿が見えなくなってつらいという気持ちを詠んでいる。和歌D「入りぬれば…」の逐語訳は「(月が)沈んでしまったので光も残らない山の端で宿がわからなくなって嘆く旅人」で、女を月に、自分を旅人に見立て、女が奥へ入ってしまったのでどうすればよいかわからず嘆く自分だと詠んでいる。

以上の解釈を踏まえて、生徒の発言を見ていこう。

①は、『古今和歌集』の和歌の見立ての理解と上の句の解釈は正しいが、「なむ」を強調の係助詞としている点と、「入れずもあらなむ」を「去らないでください」と解釈している点が間違っている。

②の発言のとおり、「あかなくに…」の和歌の最後の「なむ」は、未然形に接続して他のものへの願望を表す終助詞で、「〜てほしい」と訳す。山が逃げて月を沈ませなくするということはあり得ないが、そのような不可能なことを願うほどだと詠むことによって、「どんな方法をもってしてでもよいから親王を奥の部屋に入らせないでほしい」という意味を匂わせ、月に見立てた親王とまだ一緒にいたいという気持ちを強く表したものととらえることができる点も、的確に理解できている。これが一つ目の正解。

③は、本文の和歌Cの「入りぬれば」について、「若小君が女の邸に入り込んだ」と解釈している点が間違っている。

④の発言のとおり、この「入る」は、女が奥に入ったことを喩えたものである。「立ち寄る」は若小君が邸に忍び込んで近寄って行ったことであるという理解も含め、和歌C全体を正しく解釈している。これが二つ目の正解。

⑤・⑥は、和歌C・Dの詠み手を女としている点が根本的に間違っている。先に説明したとおり、和歌Cの「わびしき」は若小君の気持ち、和歌Dの「影」は女の姿を月に見立てたもの、「宿まどはして嘆く」は、若小君が、どうしてよいかわからない自分を、宿がわからなくなって嘆く旅人に見立てたものである。

薄《すすき》は招く

薄は、秋の七草（萩《はぎ》・尾花《おばな》〈＝薄〉・葛《くず》・撫子《なでしこ》・女郎花《おみなえし》・藤《ふじ》袴《ばかま》・桔梗《ききょう》）の一つで、古来から和歌にも多く詠まれてきました。問題文の歌のように、風に揺れる薄を、人が手招きして誰かを呼ぶ様子に見立てた歌に、

さらでだに心のとまる秋の野にいとども招く花薄かな

〈そうでなくてさえも心が留まる秋の野で、さらにも招く〈ように揺れる〉花薄だなあ。〉

（『後拾遺和歌集』〈秋〉源師賢《みなもとのもろかた》）

などがあります。次の歌では、風に吹かれてなびく様子が、人が何かに引き寄せられていく様子に見立てられています。

秋の野の尾花が末《うれ》の生《お》ひ靡《なび》き心は妹《いも》に寄りにけるかも

〈秋の野の尾花の先が伸びてなびくように、心はあなたに寄ってしまったことだよ。〉

（『万葉集』〈相聞〉柿本人麻呂《かきのもとのひとまろ》）

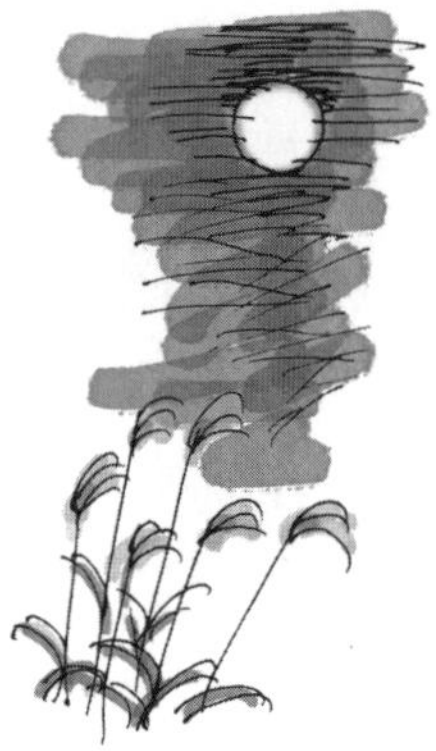

また、白い小さな綿毛の花（＝花穂《かすい》）が毛羽立つように茎の先を覆って咲くことから、はっきりと示したり態度に出したりすることの見立てとして、「穂《ほ》に出《い》づ」という表現も定番です。

逢ふことをいざ穂に出でなん篠《しの》薄忍びはつべきものならなくに

〈逢瀬を、さあ世間にはっきり示してしまおう。〈花穂を出す〉篠薄のように、隠し通すことができるものではないから。〉

（『後撰和歌集』藤原敦忠）

さらに、次の歌では、「招く」と「穂に出づ」の両方が詠み込まれています。

秋の野の草の袂《たもと》か花薄穂に出でて招く袖と見ゆらむ

〈秋の野の草の袂か〈＝美しい着物のように見える秋の野の草にとっては、花薄はその袂なのか〉。〈だから〉花薄がはっきり態度に出して招く袖と見えているのだろう。〉

（『古今和歌集』〈秋歌上〉在原棟梁《ありわらのむねやな》）

薄に限らず、植物の形状や性質を人の有様に見立てた歌は、古典文学に非常に多く見られます。四季折々の自然の風物を身近なものとして楽しみ、よく観察して、自分たちの心情や行動になぞらえて親しんできた古代の人々の風流な感性がうかがえますね。

第8問

『風姿花伝』

解答

設問	配点	解答番号	正解	自己採点欄
1	各6点	1	①	
		2	④	
2	7点	3	③	
3	8点	4	⑤	
4	7点	5	⑤	
5	8点	6	③	
6	8点	7	②	
合計				点

出典

『風姿花伝《ふうしかでん》』　室町時代の能楽論書　**作者**　世阿弥《ぜあみ》

世阿弥が著した最初の能楽論書で、能の稽古の段階や役者の心得、奥義、歴史などを論じたもの。「花を知る」ことを究極の目標に掲げ、高い次元の理論が展開されている。

世阿弥は、父観阿弥の跡を継ぐ能役者・能作者として、能を芸術の域にまで高めて大成し、『風姿花伝』のほか、『花鏡』『至花道』などの多くの能楽論書を著した。

訳例

【文章Ⅰ】

この頃（＝三十歳に近づいた頃）は、生涯の芸が定まる初めである。だから、稽古の転換期である。声もすでに回復し、体もしっかりする時期である。ところで、この道に二つの良い結果を生むもととなるものがある。声と姿である。この二つは、この時期に定まるのである。（役者として）最も良い時期に向かう芸が生まれるものである。

だから、他人の目にも、「やっ、上手な役者が現れた」と映って、観客も注目するのである。（相手が）もともと世間で有名な役者などであっても、その場だけの花（＝魅力）を新鮮に感じて、立合勝負にも一度は勝つ時は、他人も高く評価し、本人も（自分は）上手な役者だと思い込むのである。これは、ほんとうに本人に対して害である。これも、真実の花ではない。年の（若い）盛りと、見る人が一時的に新鮮に感じる花である。真実の鑑賞眼のある人は見分けるにちがいない。

この頃の花こそ初心と申します頃であるのに、極めているように本人が思って、早くも猿楽から外れた勝手な物言いをし、大成しているような演じ方をすることは、あきれたことである。たとえ、人も褒め、世間で有名な役者などに勝つとしても、「これは一時的に新鮮に感じる花である」と思い悟って、ますます役柄になりきった演技をひたすら確立し、名声を得ているような人に何かと詳しく尋ねて、稽古をますます多くしなければならない。だから、一時的な花を真実の花と思い込む心が、真実の花にさらに遠ざかる心である。ただ、どの人も、この一時的な花によって分別がなくなって、すぐに花が消え失せることも知らない。初心と申しますのはこの頃のことである。

一、良く思案や工夫をして考えなければならない。自分の段階を十分に理解した者は必ず、その段階の花は一生消えない。段階よりも上の上手な役者だと思うと、もともとあった段階の花も消え失せるのである。十分に気を付けなければならない。

【文章Ⅱ】

問う。ここに大きな不審がある。すでに熟練している役者で、しかも世間で有名な役者である者に、ほんの駆け出しの若い役者が、立合勝負に勝つことがある。これは不審だ。

答える。これこそ、前に申しました三十歳以前の一時的な花である。古参の役者はすでに花がなくなって古くさくなっている時期に、目新しい花によって勝つことがある。本物の鑑賞眼のある人は見分けるにちがいない。それならば、鑑賞眼があるか、鑑賞眼がないかの批判の勝負になりそうか。

けれども、事情がある。五十歳過ぎまで花がなくならないような水準の役者には、どのような若い花であっても、勝つ事はあるはずがない。ただこれは、まずまずという程度の上手な役者が、花がなくなっているために、負けることがある。どのような名木であっても、（人は）花が咲かない時の木を見るだろうか。つまらない一重の桜であっても、初花が色とりどりに咲いているのを見るのではないだろうか。このような喩《たと》えを考える時は、一時的な花であっても、（駆け出しの若い役者が）立合勝負に勝つのは当然である。

だから、肝心なこととして、この道はただ花が能の命であるのに、花がなくなっているのも知らず、以前の名声だけをあてにしているようなことは、古参の役者の重大な誤りである。多くの役を演じたとしても、花のあり方を知らないようなものは、花が咲かない時の草木を集めて見るようなものだ。万木千草において、花の色もすべて異なるけれども、面白いと見る心は、同じ花である。役を演じた数は少なくても、一つの方面の花を極めたような役者は、その方面での名声は長く続くにちがいない。だから、本人の心ではかなり花があると思っていても、人の目に見える思案や工夫がないようなものは、田舎の花や、藪《やぶ》梅《うめ》などが、無駄に色美しく咲いているようなものだ。

また、同じ上手な役者であっても、その中でいくつもの段階があるにちがいない。たとえかなり極めている上手な役者や世間で有名な役者であっても、この花についての思案や工夫がないような役者は、上手な役者としては通用するとしても、花は後まであるはずがないのである。思案や工夫を極めたような上手な役者は、たとえ技能は下がるとしても、花は残るにちがいない。花だけでも残ったならば、面白い部分は一生続くにちがいない。だから、真実の花が残っている役者には、どのような若い役者であっても、勝つことはあるはずがないのである。

【文章Ⅲ】

だいたい、能の名声を得ることは、さまざまな場合が多い。上手な役者は鑑賞眼のない人の心にかなうことは難しい。下手な役者は鑑賞眼のある人の目にかなうことはない。下手な役者で鑑賞眼のある人の心にかなわないことは、不審があるはずがない。上手な役者が鑑賞眼のない人の心に合わないことは、これは鑑賞眼のない人の目が至らないということであるけれども、奥義を体得している上手な役者で、工夫があるような役者であるならば、また、鑑賞眼のない人の目でも面白いとわかるように能をすることができるはずだ。その工夫と熟達とを極めているような役者を、花を極めていると申しますのがよいか。だから、この段階に至るような役者は、どんなに年を取ったとしても、若い役者の花に劣ることはあるはずがない。

解説

問1

(ア) **正解＝①**

「人」は、能役者の芸を見る「人」なので、「観客」と解釈するのが適切。「立つる」は、タ行下二段活用動詞「立つ」の連体形。現代語の「立てる」にあたり、「目に立つ」は「注目する・目に留める」の意。「立つる」には助動詞は含まれていないので、「注目される」と受身で解釈している②は誤り。「なり」は、連体形に接続しているので、断定の助動詞。③と⑤はこれを伝聞・推定の助動詞として「〜そうだ」と解釈している。

(エ) **正解＝④**

「いたづらに」は、「無駄だ・何の役にも立たない」という意味の形容動詞「いたづらなり」の連用形。「いたづらに咲き匂はんがごとし」は、せっかく魅力があるのに思案や工夫をしないためにその魅力が人の目に見えない役者を、田舎の花や藪梅が無駄に色美しく咲いているようだと喩えたものである。

問2　正解＝③

傍線部(イ)に含まれる語句の解釈や文法が問われている。

① 「我」は、話題の当事者を指す言葉で、ここでは能役者全般について述べているので、「その役者本人」の意。筆者（世阿弥）を指しているのではない。

② 「一期《いちご》」は「人の一生」の意。【文章Ⅰ】の第二段落にある「当座」は、「その時だけ・一時的」の意なので、「一期」とはまったく異なる。

③ 「心得」は、ア行下二段活用動詞「心得《こころう》」で、助動詞「ぬ」の已然形「ぬれ」に接続しているので、連用形「心得《こころえ》」である。これが正解。

④「ぬれ」は完了の助動詞「ぬ」の已然形、「ず」は打消の助動詞「ず」の終止形で、助動詞は二つしか用いられていない。

⑤ 接続助詞「ば」は、未然形接続なら順接仮定条件、已然形接続なら順接確定条件を表す。「心得ぬれば」の「ば」は、直前が完了の助動詞「ぬ」の已然形なので、順接確定条件（恒常条件）を表している。已然形接続の「ば」は、実際の出来事の因果関係や展開を表す場合は確定条件、実際の出来事というわけではなく、ある事態が成立すれば必ず次の結果が生じることを表す場合は、恒常条件の用法とされる。この傍線部(イ)は、役者誰もに当てはまることを述べたものなので、「ば」は厳密には恒常条件を表している。いずれにしても、未然形に接続して仮定条件を表す「ば」とはまったく異なるものである。

問3 正解＝⑤

【文章Ⅰ】の内容合致にあたる。

①「役者を一生の仕事にすると心を決めたら」は、本文冒頭の「一期の芸能の定まる初めなり（＝生涯の芸が定まる初めである）」の解釈を誤っている。また、「焦らずに稽古量を少なめにしておくと」は、第三段落の「稽古をいや増しにすべし（＝稽古をますます多くしなければならない）」に完全に反している。

② 第二段落の内容に反している。本文では、若い役者が立合勝負に勝って人からも尊敬され自分も名手だと思い上がることは「かへすがへす主のため仇《あた》なり（＝ほんとうに本人に対して害である）」と述べられている。

③ 第二段落の「年の盛りと、…花なり」は、若い役者が立合勝負にたまたま勝つのは、その役者が若い盛りの年齢であることが一因だと述べたものなので、「観客の年齢」「によって変わる」は間違い。また、「若い時には…成長する可能性がある」は、本文に書かれていない。

④ 第三段落の「名を得たらん人に事を細かに問ひて、稽古をいや増しにすべし」に反している。「ん」は婉曲（仮定）の助動詞「ん」（「む」）で、「名を得たらん人」は「名声を得ているような人」の意である。「いや増しに」の「いや」は、「ますます・よりいっそう」の意の副詞。

⑤ 第二段落以降の内容に合致している。筆者は、若い役者がたまたま立合勝負に勝つのは本来の魅力によるものではないとして、「極めたるやうに主の思ひて、…至りたる風体とする事、あさましき事なり（＝極めているように本人が思って、…大成しているような演じ方をすることは、あきれたことである）」と戒め、「『これは一旦の…』と思ひ悟りて、いよいよ…いや増しにすべし」と、自分への評価が一時的なものであることを自覚していっそう稽古に励まなければならないと述べている。これが正解。

問4　正解＝⑤

【文章Ⅱ】の第三段落を中心とする**比喩表現の理解**が求められている。

「花」は、本文全体にわたって何度も用いられている言葉で、能に即して言えば、①の通り「役者としての魅力」を意味している。

「花の失せたる」は、第三段落に「よき程の上手の、花の失せたる」とあるのを踏まえると、②の通り、「まずまずの技量を持つ役者が観客を引きつけることができなくなった状態」の比喩であると言える。

「名木」は、第三段落の「五十以来までの花の失せざらん程の為手《して》」の比喩にあたるので、③の説明も適当である。

「犬桜の一重」は、「犬桜」の注に「桜に比べて見劣りする」という説明があり、「一重」も、花弁が重なっていなくて華やかさに欠ける花のことなので、④のように「技量のない役者」の比喩と見ることができる。

「初花の色々と咲ける」は、直前に「犬桜の一重なりとも」という逆接仮定条件が示されていることを踏まえると、技量のない役者が若さにあふれたすばらしい演技を見せたことの喩えで、傍線部(ウ)の後の「一旦の花（＝一時的な魅力）」にあたると考えられる。⑤の「後世に語り継がれることを喩えている」という説明は不適当なので、これを選ぶ。

問5　正解＝③

【文章Ⅱ】の内容合致問題。

①「観客がいくら不審に思って批判しても、公正な判定が覆ることはない」が間違い。第一段落の「これ不審なり」の「これ」は、駆け出しの若い役者が世間で有名な熟練した役者に立合勝負で勝つことを指している。

②「五十歳を過ぎて…ほどの役者」が「若い役者」に「どんなに対抗しても勝つことはできない」が間違い。第三段落の「五十以来までの…勝つ事はあるまじ」は、五十歳をすぎてなお魅力を保ち続けているほどの役者には、どんなに若い役者でも勝つことはできないということである。

③第四段落の「肝要、この道は…見んがごとし」に合致している。能の道は役者の魅力が肝心であり、魅力がなくなったにもかかわらず以前の名声を望む年配の役者は花が咲かない草木のようなものだと批判されている。これが正解。

④第四段落の「物数をば似せたりとも、…一体の名望は久しかるべし」は、役者が多くの役を演じたとしても、魅力がなければ意味がなく、役は少なくても一つを極めれば長い名声を得ることができるということなので、「観客は…楽しみにしている」「世間の人々にはなかなか認められない」という説明は間違っている。

⑤「生まれつきの魅力によって有名になった役者」については本文に記述はなく、「思案や工夫を凝らさなくても、…

いつまでも名声が褪《あ》せることはない」は、最終段落で「この花の公案なからん為手は、…花は後《のち》まであるまじきなり（＝思案や工夫をしない役者は、…魅力は後まであるはずがないのである）」と述べられていることに完全に反している。

問6　正解＝②

「目利き」は、「役者の良さを見極める鑑賞眼のある人」といった意味でとらえることができる。【文章Ⅲ】の内容と、【文章Ⅰ】【文章Ⅱ】で「目利き」について述べられている内容を確認する。

① 【文章Ⅲ】の「上手の目利かずの心に合はぬ事、これは目利かずの眼の及ばぬ所なれ（＝上手な役者が鑑賞眼のない人の心に合わないことは、これは鑑賞眼のない人の目が至らないということである）」に合致している。

② 【文章Ⅲ】の「下手にて目利きの心にかなはぬは、不審あるべからず（＝下手な役者で鑑賞眼のある人の心にかなわないことは、不審があるはずがない）」に相違しているので、これを選ぶ。

③ 【文章Ⅲ】の「得たる上手にて、工夫あらん為手ならば、また、目利かずの眼にも面白しと見るやうに能をすべし（＝奥義を体得している上手な役者で、工夫があるような役者であるならば、また、鑑賞眼のない人の目でも面白いとわかるように能をすることができるはずだ）」に合致している。

④ 【文章Ⅰ】の第一・第二段落の内容に合致している。第二段落末尾に「…まことの花にはあらず。年の盛りと、見る人の一旦の心のめづらしき花なり。まことの目利きは見分くべし」とあり、筆者は、真の鑑賞眼がない者は、若い役者のその場限りの魅力を目新しく感じてすばらしいと思い込む場合があるが、真の鑑賞眼がある者ならそれが真の魅力ではないことを見抜くことができると考えていることが読み取れる。

⑤ 【文章Ⅱ】の第二段落の内容に合致している。【文章Ⅰ】でも述べられているように、筆者は、「真実の目利き」であるか否かが役者の真の魅力を見極める決め手になると考えている。

第9問 源氏物語評釈

解答

設問	配点	解答番号	正解	自己採点欄
1	各5点	1	③	
		2	②	
		3	①	
2	7点	4	④	
3	7点	5	②	
4	5点	6	④	
5	8点	7	③	
6	8点	8	④	
合計				点

出典

『源氏物語評釈《げんじものがたりひょうしゃく》』　江戸時代中期の評論　作者　萩原広道《はぎわらひろみち》

江戸時代には国学者による『源氏物語』の研究が進み、多くの評論や注釈書が書かれた。中でも本居宣長《もとおりのりなが》（一七三〇～一八〇一）の『源氏物語玉《たま》の小櫛《おぐし》』は「もののあはれ」論を展開したことで有名である。『源氏物語評釈』は、それらの注釈書の一つで、萩原広道（一八一五～一八六四）によるもの。

訳例

それにしてもいろいろなことの中でもすばらしいのは、〈雲隠《くもがくれ》〉の巻を置きながら、すべて言葉を省いていらっしゃることで、このことだけはたいそうたいそうすばらしく、たいそうたいそう珍しくて、日本中国昔今にわたって、このような筆の運びようがすばらしい書物は、他に二つとあることはない。これは省筆法の最たるもので、本当にすばらしい。ところが、今までの注釈書で、つまらない仏教の説などを引きあいに出して、いろいろと役に立たないことを言いなさっているけれども、この〈雲隠〉の巻の必然性を解説なさっているものがないのは、たいそう残念で満足のいかないことである。ましてあのような稚拙なものを作り出して、その代わりだなどと言った人は、いわゆる大海の一滴ほどでさえ、作者の心をわからない人であって、まったくもって苦々しくみっともない。

そもそもこの物語は、〈桐壺《きりつぼ》〉の巻に、更衣がお亡くなりになったのを、帝がたいそうお嘆きになっている部分から書き始められているところに、楊貴妃の例を引きあいに出して、

探し求めてゆく道士がいればなあ。人づてにでも魂のありかをそこであると知ることができるように。

とお詠みになったのを載せてあるところから、次々に源氏の君の栄華を書きつづってきているが、とうとう〈御法《みのり》〉の巻になって、紫の上がお亡くなりになったのだが、これは物語の中心である人が、まず一人お亡くなりになったこと（を書くこと）に

よって、すぐに光源氏がお亡くなりになるはずの（ことを予感させる）工夫である。そして〈幻《まぼろし》〉の巻になって、一月から十二月まで、例の紫の上への御思いで、たいそう思い嘆きなさることを、その折の季節季節の月や植物に関係づけて書き尽くしなさっている情趣は、たいそうもの悲しくて、この御嘆きのために、源氏の君はそのままお亡くなりになるに違いないように書かれているのだが、その中に、高い空を渡る雁《かり》を見て、

大空を飛び通う道士よ、夢にさえ姿を見せに来ない魂の行方をさがしてくれ。

という歌をお詠みになったのを、そのまま巻の名前につけているのは、〈桐壺〉の巻の結末を締めくくるようなものである。仮にこの論は当たっていないとしても、このようにしておいて、源氏の君がお亡くなりになるところを書かなくてよい伏線としていらっしゃるのは、間違いないと感じられる。あの〈幻〉の巻の終わりに、

物思いをしていて過ぎてゆく月日も知らずにいる間に、この一年も、私の人生も今日で尽きてしまうのか。

という歌をお詠みになっているところがあるのは、源氏の君の辞世めいた歌で、そのまま姿をお隠しになるに違いないことを示しているものである。そして〈雲隠〉の巻の中に、多くの月日をゆだねて、〈匂宮《におうのみや》〉の巻の初めに「光がお隠れになってしまった後」などと書き始めて、その御子孫のことなどを続けていらっしゃる筆の運びは、言いようもなく趣が深くて、まったくもってまったく思いもつかないことであるよ。

総じてこの世でありとあらゆるすべての作り物語は、日本中国を問わず、どれもどれも、その主人公としている人の身の上を、この上もない栄華を極めた様子で終わらない物語はない。けれどもそこまでいくと、わざわざ創作した痕跡が、はっきりと見えて、たいそうみっともなく見えるのが通常であるのだが、この物語は、すでに〈藤の末葉《ふじのうらば》〉の巻にその栄華の頂点を書き終えて、また〈若菜《わかな》〉の巻からその因果応報の応報にあたることなどを書き始めて、ここに至ってその終焉《しゅうえん》を隠し省いていらっしゃるために、すこしも作り事めいたことがなく、本当にあったことのように思われて、なんともいえない味わいがある。また古い注釈書でも言われているように、この人がお亡くなりになったことを描写するならば、その場合は、あちらにもこちらにも、同じような嘆きの様子を、書き表さないと十分ではない。すると同じ趣向が重なって、たいそう煩雑に違いないので、それを省いて、（そうはせずに）かえって〈幻〉の巻一帖《じょう》に、光君の御嘆きを書き尽くしているところなどが、たいそうすばらしい文章の構成法ということができよう。見るような人は、思いを深くして読み味わわなければならないものだ。

解説

問1

(ア) **正解＝③**

形容詞「くちをし」は「残念だ」の意味。期待はずれなことに対する落胆・不満・嫌悪などの感情を表す。①は形容詞「あやし」、②は「ありがたし」、④は「はしたなし」、⑤は「にくし」の解釈にあたる。

(イ) **正解＝②**

動詞「よそふ（寄そふ・比ふ）」は、「①比べる・なぞらえる ②かこつける・こと寄せる ③関係があるとする・関係づける」などの意味。ここでは、季節に応じたそれぞれの「月花木草」に関係づけて、紫の上を追慕する気持ちを書いたということである。

「月花木草」に関係づけて気持ちを表現するとは、たとえば、「名月はあんなに明るいのに、私の気持ちは暗くなるばかりだ」とか、「花もなく枯草に覆われた庭は、今の私の心と同じだ」のように、自然の景物に喚起された気持ちを表現したものだと考えればよい。

(ウ) **正解＝①**

「たがひなく」は、漢字表記すると「違ひ無く」である。「違ひ」は現代語でも「仲違《なかたが》いをする」などと使う。③の「類例がないと」は、「たぐひなく（類無く）」の解釈にあたるもので、読み間違いに注意しよう。動詞「おぼゆ」は、「思われる・感じられる」などと訳す。尊敬語の「おぼす（思す）」と混同しないように注意しよう。

問2 正解＝④

傍線部Aを逐語訳すると「まったくもって苦々しくみっともない」となる。形容詞「あぢきなし」は、望ましい結果が得られずに、苦々しく面白くないと感じる気持ち。形容詞「かたはらいたし」は、はたで見ていても苦々しく、みっともないという意味である。このように傍線部Aは否定的評価をしている表現であるが、何についての評価だろうか。それは、傍線部Aを含む一文のはじめに書かれている。つまり、「かのつたなき物」や、それを創作して「その（〈雲隠〉の巻の）かはりなどいひし人」に対しての評価である。そこで、選択肢の④～⑥が正解の候補となる。傍線部Aを含む一文を読むと、**注3のような別作品を創作した人について、『源氏物語』の「作り主」つまり紫式部の意図を、まったくわかっていないと厳しく批判している。**「大海の一滴だに」というのは、「ほんのすこしも」ということの比喩的表現である。紫式部の意図というのは、ここでは、直前に述べられてきた「省筆法」などの『源氏物語』独自の優れた手法のことである。⑤は「間違った昔の注釈書を」以下が間違い。⑥は「昔の注釈書のかわりにもなっておらず」が間違い。正解は④。

問3　正解＝②

和歌をそれぞれ現代語訳してみよう。

和歌という形式であっても、通常の文と同じく、文法や単語に忠実に現代語訳してみることが大切である。

Xは、「探し求めてゆく道士がいればなあ。人づてにでも魂のありかをそこであると知ることができるように」である。願望の意を表す終助詞「もがな」が用いられており、二句切れである。Xの歌の説明は①〜④が正しい。⑤のように「魂のある場所がそことわかっている」わけではない。

Yは、「大空を飛び通う道士よ、夢にさえ姿を見せに来ない魂の行方をさがしてくれ」である。結句の命令形「たづねよ」は、初句・二句の「大空をかよふまぼろし（＝道士）」に呼びかける形になっている。Yの歌の説明は②が正しい。④は「亡き更衣の」が間違い。Yの歌で詠まれているのは紫の上の死を悼む思いである。

Zは、「物思いをしていて過ぎてゆく月日も知らずにいる間に、この一年も、私の人生も今日で尽きてしまうのか」である。「年も」から年末の感慨と思われるが、「わが世も」とあることで、直後にあるように「辞世（＝死に際して残す詩歌・言葉など）めきたる歌」になっている。Zの歌の説明はどれも間違っている。

正解は②。

問4　正解＝④

傍線部Bを逐語訳すると、「これは物語の中心である人が、まず一人お亡くなりになったことによって、すぐに光源氏がお亡くなりになるはずの工夫である」となる。このままでは内容に飛躍があるので、「これは物語の中心である人（紫の上）が、まず一人お亡くなりになったこと（を書くこと）によって、すぐに（もう一人の中心人物である）光源氏がお亡くなりになるはずの（ことを予感させる）工夫である」などのように、（　）内を補って考えるのがよい。

①「物語の主とある人」とは、ここでは、直前に書かれている「紫の上」のことなので間違い。②「かくれ」は、ここでは「死ぬ」を婉曲《えんきょく》に表現しているので、間違い。③「雲がくれ」は②「かくれ」と同じ「死ぬ」の意味なので間違い。④は、「かくれ給へる」の「る」が、四段活用動詞「給ふ」の已然形「給へ」に接続しているので、完了（存続）の助動詞「り」の連体形である。**完了（存続）の助動詞「り」は出題されやすいので、助動詞「る」や動詞の活用語尾などと誤解しないように、接続や活用を確かめておこう。**⑤は、「下構へなり」の「なり」は、名詞「下構へ」についているので、断定の助動詞「なり」である。

正解は④。

問5 正解＝③

第二段落の展開を把握することが重要である。この段落では、光源氏をめぐる物語が〈桐壺〉の巻で始まり、〈幻〉の巻で終わることが、**和歌中の「まぼろし（＝道士）」の語に着目して論じられている。**〈桐壺〉の巻では、更衣の死が描かれ、その死を悼む桐壺帝の和歌が詠まれている。その和歌の核を成すのが「まぼろしもがな」の語句である。また〈幻〉の巻では、紫の上の死が描かれ、その死を悼む光源氏の和歌が詠まれている。その和歌では「まぼろし」に対して、紫の上の魂を探し求めてくれと懇願している。つまり〈桐壺〉の巻と〈幻〉の巻には共通点がある。それは、光源氏をめぐる二人の重要な女性（母である更衣と妻である紫の上）の死に際して、「まぼろし」を含む和歌が詠まれた点である。光源氏の妻の死去を描いた〈幻〉の巻名を、和歌中のキーワード「まぼろし」から付けたのは、光源氏の母の死去を描いた〈桐壺〉の巻からはじまる物語をここでいったん終結させようと考えた紫式部が意図的に行ったことだというのが、この評論文の筆者の意見である。

この点をしっかり理解して傍線部**C**を検討しよう。傍線部**C**は〈幻〉の巻について述べた部分であり、逐語訳は「〈桐壺〉の巻の結末を締めくくるようなものである」である。つまり、〈桐壺〉の巻で始まったものが、〈幻〉の巻で終わっているという内容の選択肢をさがせばよい。「まぼろし」という語に着目して、始めと終わりを呼応させている点を書いている選択肢は③しかない。①は、「…のと同様に、〈幻〉の巻でも」以下が間違い。〈幻〉の巻には紫の上の死が描かれている。②は「…とは違い、光源氏の」以下が間違い。「大空を」の歌は紫の上の死を受け入れた気持ちを詠んでいるのではない。④は、「これは、〈桐壺〉の巻から始まる」以下が間違い。原因と結果を示しているわけではない。⑤は「…の歌に応えて、光源氏は」以下が間違い。「大空を」の歌は、直接に「たづねゆく」の歌に応えたものではないし、「楊貴妃《ようきひ》」と「雁」は一対になっていない。そもそも②・④・⑤は「まぼろし」の語に触れていないので間違いである。

正解は③。

問6 正解＝④

本文の内容に関する問題であるが、ここでは合致しない選択肢を選ぶ問題である。

① 20～22行目「さて〈雲隠〉の巻の中に、…事どもなりかし」の一文に合致する。紫の上の死の後は、光源氏の死を描くことなく、「その御末（＝その御子孫）の事ども」を描いている。

② 23～24行目「すべて世にあらゆる…終らぬはなし」の一文に合致する。「世界中のどの物語とも異なっている」はやや大げさな表現ではあるが、2行目に「やまともろこしい

にしへ今にわたりて、かかる筆づかひのいみじき書は、他にまたあることなし」とあるので、許容範囲であろう。

③ 25行目「この物語は、すでに〈藤の末葉〉の巻に」以後の記述と合致する。前半は主人公の栄華を描くが、物語の途中からは「応報の事ども」が描かれているために、「いささかも作り事めきたることなく」現実味を帯びているのである。

④ 27行目「このかくれ給へる事」以降の記述にあるように、たしかに光源氏の死は描かれていないので選択肢の前半はよいけれども、それを悼む人々の嘆きも書かれていないので、後半が間違い。この④が正解である。

⑤ 1行目「さて事が中にも…詞を省かれたる」や、29～30行目「〈幻〉の巻一帖に、…いともいともめでたき文章の法」に合致する。光源氏の死を描かないままで、読者の想像にゆだねている点が、『源氏物語』の構成方法のすばらしさである。

選択肢と対応する箇所を見付け出して判断することができればよい。 正解は④。

どこまでも一緒

問題文にでてくる「幻」は、道教の仙術を使って死者の魂を探すことができるという存在です。故人の魂のありかを確かめたい。それは最愛の相手と死別した人なら、誰でも一度は思うことかもしれません。『長恨歌』のこのエピソードは、平安時代以来、日本でも愛好され、室町時代には、『長恨歌』をもとにした能楽「楊貴妃」も作られます。能楽「楊貴妃」では、蓬《ほう》莱《らい》宮で楊貴妃を探し当て、出会った証拠を持ち帰りたいと言う方士（「幻」）に、楊貴妃が自分の釵《かんざし》を渡します。でも、それでは確かな証拠にならないので、皇帝と楊貴妃とが交わした秘密の約束を教えてほしいと方士が頼むと、楊貴妃は二人だけの秘密として、『長恨歌』の一節、「天に在らば願はくは比翼《ひよく》の鳥とならん。地に在らば願はくは連理《れんり》の枝とならん。」と、七夕の夜に愛を誓い合った言葉を方士に告げるのでした。比翼の鳥とは雌雄一体で飛ぶ伝説の鳥。連理の枝とは別の二本の木の上部の枝がくっついて一本の木のようになったもの。どちらも、夫婦の親密さのたとえとして今でも使われる言葉です。

確かな証拠になるものは、物よりも言葉。この話を読むと、紀貫之の「古今和歌集仮名序」の、「たとひ時移り、事去り、楽しび哀しびゆきかふとも、この歌の文字あるをや。」という一節が思い出されます。

第10問 『古事談』『中外抄』『影と花 説話の径を』

解答

設問	配点	解答番号	正解	自己採点欄
1	各5点	1	①	
		2	⑤	
		3	②	
2	7点	4	②	
3	7点	5	⑤	
4	5点	6	⑤	
5	8点	7	④	
6	8点	8	②	
合計				点

訳例

【文章Ⅰ】

仏師定朝が弟子の覚助を絶縁して、家の中へも入れなかった。けれども母に会うようなために、定朝が、他所に出かけている間などには、(覚助は)こっそりと来ていた。定朝は、左近衛府に陵王の面をお作り申し上げよという、御命令が下されることによって、真心を込めて作り上げて、気に入って、居間の前にある柱に掛けて置いていたのを、父が、他所へ出かけている間に覚助が来ていた時に、この面を取り降ろして見て、「ああ、情けないことよ。この程度で献上なさったならば、あきれ果て

出典

『古事談《こじだん》』 鎌倉時代の説話集 編者 源 顕兼《みなもとのあきかね》

藤原氏全盛時代の宮廷や貴族、僧侶の説話を多く収録。先行文献の引用が多い。『宇治拾遺物語』など他の説話集への影響も見られる。

『中外抄《ちゅうがいしょう》』 鎌倉時代の聞書(他人から聞いた事柄を筆録したもの) 作者 中原師元《なかはらのもろもと》

関白太政大臣藤原忠実《ただざね》の談話を大外記《だいげき》中原師元が筆録したもの。有職故実《ゆうそくこじつ》に関することや人物の逸話などを、仮名交りの漢文で書いている。『古事談』は本書から多く記事をとっているといわれる。

『影と花 説話の径を』 評論 作者 川端善明《かわばたよしあき》

日本語学、日本文学の研究者である筆者が、説話集と『梁塵秘抄《りょうじんひしょう》』の逸話を引いて解説している。数々の説話作品の注釈・解説にとどまらず、読者が説話に参加して読むことを「説話化」と名付け、その魅力を論じる。

たことだろうに」と言って、腰刀を抜いて無遠慮に削り直して、元の通りに柱に掛けて、立ち去り帰ってしまった。定朝が、帰ってきてこの面を見て言うことは、「この馬鹿者が、やって来て入っていたなあ。親不孝者が、(私が)他所へ行っている間で

あるといっても、入ってきていることは、けしからん事である。この陵王の面を作り直してしまったなあ。ただし見事に直されたことよ」と言って、勘当を許させるとかいうことだ。

【文章Ⅱ】

法成寺の阿弥陀《あみだ》堂の九体仏は、宇治殿以下の御子弟たちが、それぞれ分担して建立させ終わった。法成寺の阿弥陀堂に運び申し上げなさる時に、車八両で四方に布を引き回して、雲などを描いて、その中に仏を安置し申し上げる。楽人は鼓を打ち、近衛の官人は車を引き、僧は行列する。阿弥陀堂に（仏が）安置し並べられてその後、藤原道長が、仏師康尚《こうしょう》におっしゃって言うことは、「直さなければならない部分があるか」と。申し上げて言うことは、「直さなければならない部分がございます」と。工事用の足場を用意してその後、康尚が言うことは、「はやく上りなさい」と言ったところ、二十歳ほどである法師で、薄紫色の指貫に、薄紅色の裘代《きゅうたい》に、裳《も》は身につけて、袈裟《けさ》は掛けていなかった法師が、槌《つち》・鑿《のみ》を持って金色の仏の顔を削った。道長が康尚におっしゃって言うことは、「あれはどういう者か」と。康尚が申し上げて言うことは、「康尚の弟子、定朝である」と。その後、（道長が）気に入りなさって、（定朝は）この世の群を抜いてすぐれた者になった。

解説

問1

(ア) **正解＝①**

「至心」は、「きわめて誠実な心・真心」のことで、現代語でも同じ意味である。定朝は、依頼を受けた面を真心込めて、打ったのである。②「無心になって」は雑念を持たない様子、③「得意になって」は誇らしげな様子、④「苦心して」は苦労している様子、⑤「緊張して」は気持ちが張り詰めている様子で、いずれも間違い。

(イ) **正解＝⑤**

感動詞「あな」は喜怒哀楽いずれにも用いられるもので、**「あな＋形容詞の語幹（シク活用では終止形）」で、「ああ、〜なことよ」と訳す**。より強い感嘆文として、「あな〜や（感動の間投助詞）」の形をとることも多い。ここでは、「心う」が形容詞「心憂し」の語幹。形容詞「心憂し」は「つらい・情けない・いとわしい」などの意味。

(ウ) **正解＝②**

謙譲語「奉る」は本動詞の場合は「差し上げる・献上する」の意味。①「仏師と名乗」る、③「舞」う、④「直さずにい」る、⑤「いらっしゃ」るは、いずれも、謙譲の本動詞「奉る」の訳語ではない。「れ」は尊敬の助動詞「る」の連用形。「たら」は完了の助動詞「たり」の未然形。**「ましかば」は反実仮想の助動詞「まし」に接続助詞「ば」が接続したもので、**

仮定条件を表し、「〜ならば」と訳す。

問2 正解＝②

【文章Ⅱ】の場面を確認しよう。阿弥陀堂に仏を運び入れる場面で、藤原道長が「直さなければならない部分があるか」と康尚に尋ね、康尚が「直さなければならない部分がありまず」と答えるところである。この後、康尚の息子である定朝が仏の顔に最後の仕上げをすることになる。

この部分について**【文章Ⅲ】**の5〜6行目には、「それは子を、その技倆《ぎりょう》を以《もっ》て道長の権力に推挙することであった」とある。康尚は、道長はじめ、並み居る貴族たちが見守る前で、息子が仏に仕上げの鑿を入れるという場を作り、それを息子の初舞台としてお膳立てしたのである。仏師定朝のまさに輝かしいデビューの場といえよう。①は「息子の定朝が」以下が間違い。息子の定朝が自分でこの場を仕組んだわけではない。③は「息子の定朝の」以下が間違い。そこにある仏を作ったのは父の康尚である。④は「この程度の」以下が間違い。父親の恥をそそいでもらいたいのではなく、息子の腕前を皆に見せるためにこうした場を演出している。⑤は全体的に間違い。

なお、すべての選択肢の前半は、実際には『中外抄』の本文に書いていないので、正確にはわからない。康尚は、道長に対して「直さなければならない部分があります」と答えているが、はたしてそれが本当に自分の作品に不満だったのか、あるいは息子に仕上げをさせるためにわざとそうしたのかは、読者が推測するしかないが、どちらであるにせよ、その行為について、**【文章Ⅲ】**の筆者は、息子定朝を「道長の権力に推挙すること」であると読み取っている。正解は②。

問3 正解＝⑤

傍線部Bを現代語訳すると「その後、気に入りなさって、この世の群を抜いてすぐれた者になった」である。「おぼしつく」は、「心をひかれる・気に入る・心を寄せる」の意味の動詞「思ひつく」の「思ひ」が尊敬語になったものである。「一物」は「逸物」と書くこともあり、「群を抜いてすぐれているもの」の意味である。**尊敬語に気がつくと、「おぼしつきて」の主語が道長であることがわかり、**選択肢②・⑤が正解の候補にあがる。②は「藤原道長が仏のどこに不満を抱いているかを見抜いた定朝」が間違い。そのような内容は本文にない。正しい解釈は、大勢の前で父の作品に堂々と仕上げの仕事をした定朝を、藤原道長が気に入りなさって、その後、定朝は群を抜いて登用される高名な仏師となったということである。正解は⑤。

問4 正解＝⑤

傍線部Cは、**【文章Ⅰ】**『古事談』について書かれた部分である。『古事談』では、勘当中であった息子覚助が父定朝の作品に手を加える。勘当中であったのだから、普通であれば、息子の行為を受け入れられず、怒るところであろうが、「定朝は覚助を容《い》れた」。その理由は、傍線部Cの直前にあるように、父である自分の作品に手を加えた息子の行為に、昔、父康尚の作品に手を加えた自分の行為を重ね合わせて考えたからである。父康尚が自分の最後の仕上げを評価してくれたように、自分も息子覚助の仕上げを評価したのである。**【文章Ⅲ】**の12〜13行目に「覚助の若い覇気を、父としてよろこんで定朝が聴《ゆる》した」とあるのも同じことである。したがって、この問題では、定朝が息子覚助の仕事を評価し、「聴《ゆる》し」ている箇所を、『古事談』からさがせばよい。

①「家の中へも入れざりけり」は、勘当していて家の中に入ることも許可していないという部分なので、間違い。②「むずむずとけづり直して」、③「もとのごとく柱に懸けて」は、息子覚助の動作なので、間違い。④「入り居る事、奇怪なる事なり」は、勘当中の息子が家に出入りしていたことを知って怒っている定朝の気持ちなので、間違い。⑤「ただしかなしく直されにけり」が正解である。「ただし」は、前に述べたことについて条件や例外を付け足す時に使う、「しかし・だが」の意味である。息子が勘当中も家に入っていたことをけしからんと言いながらも、しかし陵王の面の直し具合は立派だと例外的に褒めている。形容詞「かなし」は、情愛が痛切で胸がつまる感じ、深く心を打たれる感じを表し、「身にしみておもしろい・強く心がひかれる・すばらしい」と訳すことがある。息子の施した仕事は、定朝にとって、すばらしく心ひかれる面白いものであったのだ。助動詞「けり」は詠嘆の用法で、「〜なあ・〜ことよ」と訳し、深い感慨を表す。自分の留守中に勘当中の息子がこっそりと訪れ、父親の面を削り直した跡を見つけて、「ただし見事に直されたことよ」とその技倆を認め、息子を容認しているのである。正解は⑤。

問5　正解＝④

傍線部Dでいう「この説話」というのは**【文章Ⅰ】**『古事談』のことである。**【文章Ⅲ】**の中で、『古事談』について言及されているところを見ていこう。第四段落に「定朝は覚助を容《い》れた。これはそういう説話である」（10行目）、第五段落に「覚助の若い覇気を、父としてよろこんで定朝が聴《ゆる》した。そういう話である」（12〜13行目）、「聴すことを、…定朝がなした」（14行目）、第七段落に「若い覇気に…覚助は許された。…覚助の勘当を許した。よろこんで子を容れた」（20〜21行目）とあり、この四箇所は同じことをいっている。**重要なキーワードは「容・聴・許」**であり、これらが繰り返し語られているこの部分が、**【文章Ⅲ】**の作者が考える『古事談』のテーマである。そして、ただ単に放蕩《ほうとう》息子を許すという話ではなく、「覚助に、…自分を想起して重ねた」（9〜10行目）、「昔の自分に重ねることにおいて」（14行目）、「定朝は、昔の定朝を覚助に重ねるとともに」（14～15行目）とあるように、息子の姿を、**【文章Ⅱ】**『中外抄』に書かれているかつての自分に重ね合わせた上で、息子を受け入れ、許すことにいたったのである。**第二のキーワード「重ね」**も見逃してはならない。

くりかえされる表現は、現代文、古文ともに重要である。

①「若い頃、権力者にはむかった自分」が間違い。若き日の定朝は、権力者道長の前でも堂々と鑿を振るったが、はむかったわけではない。②「自分も昔父に同じことをして許されたのを思い出し、父康尚の寛大さに気づき」が間違い。悪いことをしても許してくれる父親の寛大さがテーマなのではない。③「こっそりと家に入って」以降が間違い。「個性」を伸ばしてやろうという話ではない。息子の仏師としての才能を認めているのがポイントであるから、②も③もそれに言及していないのは論外。⑤は全体的に間違い。覚助が定朝より優れていて、定朝がそれを認めて寂しく思っているという内容の記述はない。正解は④。

問6　正解＝②

選択肢の構造をみると「直接の関連が明示されていない『古事談』と『中外抄』の逸話の二つを結びつけて、…に着眼して、…推測してみること」という形はすべて同じなので、何に着眼して何を推測してみるのかを**【文章Ⅲ】**から読み取ればよい。**問5**でも考察したように、定朝は、息子覚助の姿にかつての自分の姿を重ね合わせて、息子を受け入れる境地に至った。そして、それにとどまらず「今の定朝をあのときの父・康尚に重ねることになった」（15行目）。『中外抄』で、父康尚の作品に平気で鑿を入れた覇気あふれる青年定朝が、『古事談』では大人になって、息子覚助の覇気あふれる同様の行為を許すに至る。『中外抄』と『古事談』の前後の日々はどこにも描かれておらず、その間の登場人物の人間的成長の様子は読者が想定するしかないが、ひょっとすると、定朝の父康尚にも父親から成長の機会が与えられたことがあったのかもしれないし、また息子覚助もいつの日か父となり、この日のことを思い出すのかもしれない。こういった想定を楽しむことが、第一段落に書かれている「説話というものに、参加してみること」（1行目）、つまり「説話化」である。

①は父子の関係について書かれておらず、間違い。③の「覚助の母親や藤原道長の存在」は重要な要素ではない。④は「祖父康尚と孫覚助」が間違い。この二人を一足飛びに結びつけるのではなく、「康尚—定朝」「定朝—覚助」というそれぞれの父子関係が重要。⑤は「仏師にも普通の父子と同じ日常がある」が間違い。この二つの逸話に描かれているのは「術道・技能における父子」（24行目）の、仏師同士であるからこその関係性である。正解は②。

美しすぎる武人

【文章Ⅰ】で、定朝が打ち、覚助が削り直した「陵王の面」の「陵王」とは、高長恭《こうちょうきょう》という実在の人物がモデルです。中国・斉《せい》の人で、「あまりにも美しいために、その美貌が味方の士気を下げることを恐れ、また敵を威圧する迫力に欠けることを嫌って、常に仮面をつけて戦っていた」という伝説が誕生しますが、それはどうやら作り話であるようです。彼をたたえる『蘭《らん》陵王入陣曲《りょうおうにゅうじんきょく》』が、唐代に日本に伝わり、舞楽『陵王（蘭陵王）』として演じられるようになりました。『陵王』は美しい赤の装束で舞われる勇壮な舞楽です。『源氏物語』「御法巻《みのりのまき》」では、紫の上による法華経千部供養《ほけきょうせんぶくよう》の場面に、「陵王の舞ひ手急《きふ》になるほどの末《すゑ》つ方《かた》の楽、はなやかににぎははしく聞こゆるに」とあり、法要のクライマックスを彩る華やかな舞が目に浮かびます。

舞楽は舞をともなう雅楽ですが、現代では、雅楽というと、正月番組のBGMに流れる和風音楽という程度の認識かもしれません。しかし、現代語の「打ち合わせ」という言葉は、雅楽で音を合わせる際に、打楽器が「打つ」音に他の楽器が「合わせる」という「打ち合わせ」に由来するものだとも言われており、案外、我々の生活と近いのかもしれません。

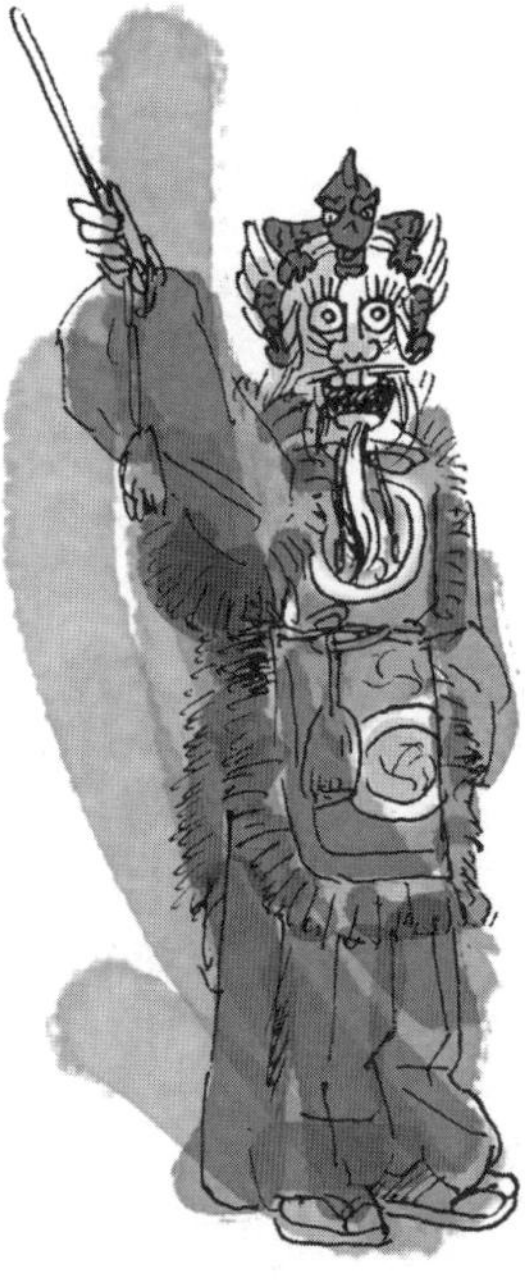

⑤20230201